김군의 마음, 질병편

김홍찬, 이진숙 저

한국상담심리연구원

김군의 마음, 질병편

1판 1쇄 인쇄일 2017년 5월 15일

지은이 : 김홍찬, 이진숙

발행인 : 김홍찬

펴낸곳 : 한국상담심리연구원

(www.kcounseling.com)

03767 서울시 서대문구 신촌로 215-2 전진빌딩 3층

☎ 02)364-0413 FAX.02)362-6152

출판등록 제2-3041호(2000년 3월 20일)

값 15,000원

사단법인 한국상담심리연구원에서는 매주 목요일에 성서 영해 공
개강좌를 하고 있습니다. 참석하고자 하시는 분은 연락 주시기 바
랍니다.

위치 : 이대역 4번 출구

김군의 마음, 질병편

'김군의 마음, 질병편'을 마음의 대문을 활짝 열고 맞이하게 되었다.

마음의 세계는 찬송가 가사처럼 "주 하나님 지으신 모든 세계 내마음속에 그리어 볼 때 하늘의 별 울려 퍼지는 뇌성 주님의 권능 우주에 찼네"와 같다. 마음의 세계는 주님의 진리로 구성된 우주이다.

나는 마음의 세계에서 병자들을 만나서 그들로부터 의미를 배우면서 마치 울려 퍼지는 뇌성을 들은 듯 하늘의 진리를 깨닫게 되었다. 그리고 나는 자연만물을 보면서 부족하지만 하늘의 진리를 조금씩 알게 되는 큰 축복을 얻게 되었다. 자연만물과 성경은 그야말로 진리의 보고라는 것을 마음 깊게 느끼면서 내 마음이 고양되었다.

나는 이제서야 성경에 눈을 뜨게 된 것이 오랜 기간 동안 시간을 허비한 것 같아서 아쉬웠다. 좀 더 일찍 영적 원리를 알았더라면 하는 마음이 들었다.

이 책을 쓰는 동안에도 마귀는 엄청나게 방해하기 위해 시험의 궤계를 폈다. 시련을 당할 때는 마치 황량한 바다에 매서운 찬바람이 불고 하늘에 기러기들이 어지럽게 날며 소리를 지르고 사방에서 눈보라가 몰아치는 것과 같다. 시련의 강도는 날이 갈수록 심해져 나는 극도로 심령이 상하게 되었고, 그럴수록 나는 주님밖에는 내게 의지할 분이 없다는 것을 깊이 고백하였다. 사람이 시련을 당하게 되면 황폐함과 자포자기로 인해 슬픔과 외로운 느낌이 동반된다.

나는 '맨체스터바이더씨' 라는 영화 장면에 자신의 실수로 인한 화재로 자녀를 잃고 혼자가 된 남성이 경찰의 수갑에서 총을 뺏어서 자기 머리에 총구를 들이대고 방아쇠를 당기는 광경을 보고는 북받치는 슬픔을 못이겨 서럽게 울었다. 아마도 나의 심정이 이와 같다고 여겼던 것 같다.

시험은 종기가 부풀러 올라 고름이 차듯이 악의 덩어리가 악령에 의해 흥분되어 수면위에 떠오르는 것이다. 그러나 이런 썩은 고름이 떠오를 때는 자신을 되돌아볼 수 있는 기회를 제공하고 고름을 제거하려고 노력하기도 한다. 그런 고름은 모두 피가 썩어서 된 것이리라. 이런 더러운 고름덩어리는 부모로부터 부여받은 유전 악과 자신이 살면서 벌어들인 악으로 인해 올라온 것이다.

때로 주님은 우리 자신을 들여다보고 그 악을 제거하도록 하기위해 시험을 허용하신다. 우리 속에 든 악을 보고 혐오할 수 있겠는가?아니면 변명하겠는가?

　마음의 세계에는 바울의 말처럼 하나님의 법을 즐거워하는 마음이 있는가 하면 한편으로는 죄악의 원리를 원하는 마음도 있다(롬 7:22-23). 아마도 바울도 이런 마음의 고통으로 인해 죽는 것도 유익하다는 말을 했을 것이라는 추측을 해본다. 나는 바울의 그 고백이 조금은 이해가 되었다. 그 의미는 거짓된 세상에서 오는 혹독한 시험의 고통에서 터져 나오는 속 깊은 고백이라는 것을 알게 되었다. 물론 나도 순간마다 느끼기는 하지만 바울과 비교할 수 있겠는가?

나는 시련을 당할 때마다 주님을 의지하고자 "여호와는 내게 빛이시고 구원이시니 내가 누구를 두려워하랴?"는 구절을 반복하며 암송한다. 어리석고 미련한 내가 주님의 영적 진리를 알아가는 것이 얼마나 위대한 일인가? 그러니 마귀는 시기할 수밖에 없지 않은가? 그럴지라도 진리는 언제 어디서도 내게 세상에서는 도저히 맛볼 수 없는 존귀한 깨달음을 주었다. 이로써 나는 이미 주님께 은혜의 빚 위에 더 큰 빚을 지게 되었다.

나는 김군의 마음 1권에서는 짐승과 새를 만났지만 이 책에서는 성경에 등장하는 병자들을 만났다.

독자 중 누군가 왜 마음속의 여행을 해야 하는가? 물어보신다면 하나님의 나라는 마음에 있다고 주님께서 말씀하셨기 때문이다.

그러므로 천국에 도달하려고 한다면 마음속에 하나님의 나라를 먼저 찾아야 할 것이다. 마음에는 하늘나라로 들어가는 문이 있으며 그런가 하면 지옥에 들어가는 문도 연결되어 있다. 중요한 것은 내 마음이 병들면 하늘나라와는 점점 멀어진다는 사실이다. 그러므로 마음이 병들지 않도록 언제나 진리로 새롭게 해야 한다. 그것이 거듭남이다.

그리하여 나는 내 마음에 놓여진 사닥다리가 하늘과 연결되어 천사들이 오르락내리락하는 광경을 보기를 원한다. 주님의 사랑은 우리를 인도하시고 그분의 지혜는 우리를 가르치시고 그분의 권능은 우리를 보호하신다.

이곳에 나오는 모든 육신적 질병의 용어는 개역 성경에 나오는 질병 용어를 사용했지만 모두다 마음속의 질병을 의미한다.

그런 면에서 혹시라도 신체적 장애를 안고 계신 분들은 이 책의 장애에 관련된 용어에 너무 신경 쓰지 않았으면 좋겠다. 이 책에서 말하는 장애는 마음의 세계에서의 질병을 의미하는 것뿐이기 때문에 육신적 장애와는 아무런 연관이 없다. 중요한 것은 마음의 질병이다. 겉으로 나타난 신체적 질병은 물질적이고 외적인 것일 뿐이다. 중요한 것은 마음의 질병이고 그것은 천국과 지옥을 가름한다. 이 책의 장애에 관련된 용어는 장애인 사역의 대부 양동춘 목사(베데스다복지재단 대표, 나눔교회 목사)에게 조언을 구하였다. 그는 장애인의 영혼을 위해 헌신된 분이시다.

육체적 질병은 있는데 영적으로 건강한 자들이 얼마든지 있으며, 육체적으로 멀쩡하지만 영적으로 질병이 있는 자 또한 얼마든지 있다.

사실 누구라도 질병 없이 사는 사람이 있겠는가? 겉으로 멀쩡해도 속은 망가질 대로 망가져서 엉망진창인 사람이 그 얼마나 많은가? 바울도 육신적 질병이 있었으며 나 또한 질병을 안고 있다. 그러나 한편 신체적 연약함은 천국을 더 가깝게 만드는 요인이 된다는 것도 알아야 할 것이다.

그러므로 그 질병이 마음에서 무엇을 의미하는 것을 깨닫지 못한다면 그는 물질적 사고에 얽매여서 영적 의미를 볼 수 없는 심각한 무지의 장애를 안고 있는 자라는 것을 알아야 할 것이다.

이 책은 영성가들에게는 하늘의 진리를 제공하고, 절망하는 자에게는 진정 근본 사람이 무엇인가에 대한 고찰과 함께 주님의 손길을 기다림에 대한 희망을 주고, 광야 인생길에서 지친 영혼에게는 평온한 안식처가 될 것이고, 마음이 사악하고 교만한 자에게는 아무 것도 제공하지 않을 것이다.

나는 정말로 세상에서 진리를 이용하여 성전꼭대기에 앉아 자신의 이기심과 명예를 위해 악용하는 자를 보았으며 자만으로 인해 마음속에 머물고 있는 악마의 종이 된 자를 보았으며 상처투성이가 된 병든 자를 보았다. 나는 나를 비롯하여 모든 이들이 그런 악독에 물들거나 미혹되지 않기를 제발 바랄 뿐이다. 그러기 위해서는 진리에 대해 순수한 마음이 있어야 할 것이다.

나는 이 책이 과분한 마음이지만 오늘날의 신 천로역정이 되기를 바라는 마음을 갖고 있다. 순수하게 진리 자체에 목마른 자들만 이 책의 페이지를 넘길 수 있다. 이 책에 있는 영적인 내용을 학문적으로 따지지 않기를 바랄 뿐이다. 혹시라도 읽기에 불편해질 수도 있는 그런 부분이 나타나거들랑 요한 웨슬레의 말처럼 의도의 순수함으로 이해해 주기를 바라며 그런 느낌으로 이 책을 보기를 부탁드린다. 사실 마음의 세계에서 질병은 의도가 파괴되어 나타나는 증상이다.

나는 어려서부터 지금까지 40여 년 동안 신앙생활을 하였으며, 청

년시절에 주님께 헌신하여 오늘에 이르렀으나 어리석고 작은 부스러기와 같은 내 모습으로는 아무런 열매가 없었고, 이제 나이 60살이 되어 남은 것은 오직 깨진 질그릇과 후회뿐이다. 지난 생애를 돌이켜 보면 자랑할 것이 하나도 없고 부족하고 미련한 것만 남았을 뿐만 아니라 모든 것이 부끄럽다.

이제라도 정신을 차리고 새로운 인생을 사는 마음으로 마음의 세계를 다니면서 진리를 얻고자 하고 그 터득한 지식을 겸손하게 책으로 내놓게 되었다. 나는 이 책에서 병자를 만났는데, 병자들을 만나면서 나 또한 그들과 별반 다를 것이 없기에 쥐어짜는 아픔과 함께 마음의 고통을 같이 느꼈다. 그리고 아픔이 있는 그들로부터 흥분된 마음으로 삶의 영적 원리를 배웠다. 이 책에는 저자가 김홍찬 · 이진숙으로 되어 있는데, 부부지간이다. 나는 그녀로부터 많은 삶의 지혜를 터득했고 큰 사랑을 받았다. 둘이 함께 진리 가운데 건강하게 살고자 하는 마음으로 함께 이름을 실었다.

김군의 마음, 질병편의 지혜를 알게 해주신 최고의 스승님께 감사드린다.

끝으로 이 책을 읽는 분들과 우리 가족 다섯 식구와 부모님 모두 영적, 신체적 질병 없이 평안하기를 기원한다.

2017년 새 봄을 맞이하며

김홍찬 (Ph.D)

| 목차 |

서문

제1부 상태 위기

제1부

상태우기

중풍병자를 만나다

화창한 날씨에 따사롭게 태양빛이 내리 쬐고 있었다. 나는 햇빛을 맞으며 한가한 발걸음을 옮겼다. 길가에 키가 큰 상수리나무를 보았다. 상수리나무는 영양분이 풍부해서 그 열매로 만든 도토리묵은 사람들이 많이 찾는다.

전설에 의하면 신화에 등장하는 헤라클레스의 곤봉은 상수리 나무였다고 한다.

그만큼 이 나무가 강하고 단단하고 질기기 때문이다. 또한 많은 이방 민족들은 상수리나무에서 신탁을 빌었다고 한다.

구약성경에서는 보통 기초적인 관습을 말할 때 상수리나무에 빗댄다. 상수리나무는 두 가지 의미가 있다. 좋은 뜻으로는 영적지식을 위한 준비단계와 나쁜 의미로는 세속적 지식의 준비단계를 의미한다. 고로 상수리나무는 영적 깨달음이 열리기 전에 삶에 필요한 기초적인 지식을 말한다. 마치 어린아이가 인생을 살아가는데 습득하기 위한 선과 악, 옳음과 그릇됨을 부모로부터 터득하는 일차적인 지식과 같다. 이는 합리적 사고의 바탕이 되기도 한다.

그러나 사실 이러한 지식은 본래 자기 것이 아니며 타인으로부터 배운 지식이다. 그렇지만 어린 시절 기억은 아주 강하게 남는다. '우리는 이미 유치원에서 모든 것을 배웠다' 라는 말이 있다. 이런 기초 지식은 어린아이에게는 생명줄과 같은 것이다. 왜냐하면 그것을 통해서 세상에서 살아가는 삶의 기술을 배우고 점점 영적세계로 나아가기 때문이다.

성경에는 아브람이 가나안에 발을 들여놓았을 때 상수리나무 숲속에 자리를 잡았다. 아브람이 상수리나무 숲속에서 살았던 이유는 아브람에게는 가나안에 들어가기 전에 먼저 기초적인 지식이 필요했기 때문이다. 즉 아브람은 가나안의 기업을 얻기 위해서 상수리나무가 필요했다. 상수리나무처럼 영적세계에 대해 뿌리를 깊게 내려야만 했기 때문이다.

15

그러나 나쁜 의미로 쓰일 때는 거짓되고 헛되고 이기적인 지식을 의미한다. 이는 유전 악이라고 볼 수도 있다. 그런 의미에서 볼 때 야곱이 세겜 근처 상수리나무 아래에 신상을 묻어버리고 떠났다는 의미는 세속적이고 거짓된 지식을 버렸다는 의미이기도 하다.

그러므로 야곱처럼 거짓되고 헛된 지식을 상수리나무에 묻어버리고 영적인 지식을 가지고 하늘나라를 바라보아야 하지 않겠는가? 세속에 찌든 이기적인 지식을 묻어버리고 아름다운 상수리나무 아래에서 영적 예배를 드려야 할 것이다.

이런 생각에 젖어서 길을 가는 중에 중풍병으로 누워있는 어느 환자를 보았다. 중풍병은 몸의 일부가 마비가 되어 몸을 움직일 수 없게 된 병이다. 나는 그에게 다가서서는 부드럽게 말을 하였다.

나는 "나는 마음의 세계에서 진리를 찾고자 여행 중입니다. 당신의 병에 대해 알려주시기 바랍니다."

그는 "아 그래요? 당신이 보시다시피 나는 몸을 움직일 수가 없어요."

나는 "많이 불편하시겠군요. 마음의 세계에서 중풍병은 무엇을 의미하나요?"

그는 "중풍병은 선을 행하고자 하는 의지는 있지만 행할 힘이 없는 사람을 말합니다. 마음에 의도는 있는데 몸을 움직일 수가 없어요. 그러니까 생명력이 매우 미약한 상태입니다. 그래서 진리를 행동으로 실천하지 못하는 것입니다."

나는 "당신이 그렇게 된 근본적인 원인은 무엇이지요?"

그는 "그것은 삶의 악 때문입니다. 악으로 인해 마비되어 몸을 옴짝 달싹하지 못하고 뒤틀려져 버렸습니다. 온 몸이 무기력하게 되어 버렸습니다."

나는 "근육에 힘이 없군요. 마음의 세계에서 근육의 힘은 무엇인가요?"

그는 "근육은 주택으로 말하자면 들보와 같습니다. 육체 안에 근육이 있듯이 마음의 세계에서도 진리를 실천할 힘이 필요합니다."

나는 "그렇군요. 왜 근육이 작동하지 않는 것이지요?"

그는 "마음의 세계에서는 의지에 생각이 보조를 맞추어 주어야 행동으로 나타납니다. 그런데 생각이 의지의 부탁을 거절합니다. 다시 말해 의지는 원하지만 생각이 겉돌아서 외적으로 행동할 수 없는 상태가 된 것입니다. 바울도 그런 아픔을 겪은 적이 있었습니다."

나는 "사도 바울이요?"

그는 "바울은 내 육체 속에는 선을 행하려고 하지만 그것을 실천할 힘이 없습니다(롬7:18)고 한탄 했습니다. 바울도 이런 상황으로 몹시 괴로워했던 적이 있습니다."

나는 "네, 그렇군요."

그는 "바울은 선을 행하고자 하지만 하지 못하는 이유는 자기 속에 악이 현존해 있기 때문이라는 점을 알기 때문에 훨씬 더 고뇌가 클 수밖에 없었습니다. 그래서 그는 고백하기를 나는 과연 비참한 인간이다. 누가 이 죽음의 육체에서 나를 구해줄 것인가라고 한탄했습니다"(롬7:24).

나는 "바울의 그런 고민은 마음의 세계의 중풍병과 같은 것이군요."

그는 "네 그렇습니다. 하지만 그는 생명의 성령의 법으로 살게 되었다고 고백하였습니다. 즉 가장 높으신 분의 진리로 이겼다고 말했습니다."

나는 "주님께서 가버나움에 들어가셨을 때 한 백부장이 하인이 중풍병으로 집에 누워 몹시 괴로워하고 있다고 사정하였습니다. 하인은 무엇을 뜻하지요? 무슨 의미인지 알려 주시기를 바랍니다."

그는 "네, 마음의 세계에서 하인은 자연적 상태를 의미합니다."

나는 "자연적 상태요? 자연적 상태는 거듭나지 않은 상태를 말하지요? 주님은 뭐라고 하셨죠?"

그는 "마음의 세계에서 하인은 종의 신분입니다. 주님은 가서 고쳐주겠다고 하셨습니다."

나는 "주님께서 우리의 병을 무엇으로 고쳐주시나요?"

그는 "주님은 거듭남의 과정을 통해 치료하십니다."

나는 "거듭남이요? 어떻게 하면 거듭나지요?"

그는 "사람이 거듭나고자 하면 먼저 진리에 관한 지식을 배워야 합니다. 그리고 진리에 순종해야만 합니다."

나는 "네 그렇군요."

그는 "그런데 백부장은 이런 말을 합니다. '주님, 저는 주님을 제 집에 모실만한 자격이 없습니다. 그저 한 말씀만 하시면 제 하인이 낫겠습니다."

나는 "무슨 의미이지요?"

그는 "자신이 무가치한 존재라는 것을 인식한 것입니다. 사실 바로 그때 가치 있는 인간이 됩니다. 마음의 세계에서는 자신이 얼마나 부끄러운 존재인지를 깊이 느끼는 만큼 높아집니다. 이런 겸손은 그동안 자신이 얼마나 주님의 거룩을 무시하면서 살았던가 하는 죄를 확실히 짚고 넘어가는 것입니다."

나는 "베드로도 주님의 발 앞에 꿇어 엎드려 죄인이라고 고백했어요."

그는 "자신이 너무 무질서하고, 불순한 자라는 사실을 인정할 때 진리의 빛 자체이신 분을 모실 수 있습니다. 백부장은 이것을 느낀 것입니다. 주님을 자기 집에 손님으로 맞이한다는 것은 너무 과분하다는 것을 느끼고 있는 것입니다. 그저 한 말씀만 하시면 제 하인이 낫는다고 하였습니다."

나는 "백부장의 겸허와 믿음은 신앙의 품질을 말하는군요."

그는 "백부장이 자신의 무가치한 상태를 고백하고 간절히 청원했을 때, 주님은 정말 어떤 이스라엘 사람에게서 이런 믿음을 본 일이 없다고 하셨습니다."

나는 "왜죠?"

그는 "주님을 따라 온 이들에게 이만한 믿음을 이스라엘에서 발견 못했다고 말하신 것은 이방인도 이런 믿음을 갖는데 유대인들은 마음의 문을 굳게 닫았다는 것을 표현하신 것입니다."

나는 진정한 신앙은 겸손에서 시작된다는 것을 깨달았다. 나는 나 자신을 높이고자 바보같이 행동했던 지난날이 후회가 되었다. 주님의 현존 앞에서는 자신을 드러낼 이유가 없다. 그저 자신의 부끄러운 모습을 보면서 고개를 숙이고 겸손하게 주님의 은혜와 자비만을 구할 뿐이다. 주님 앞에서는 이것만이 살 길이다. 나는 긴 한숨이 절로 나왔다.

나는 "사람들이 중풍병 환자 한 사람을, 침상에 누인 채 주님께로 데리고 왔는데, 주님께서 그들의 믿음을 보시고, 기운을 내라, 아이야. 네 죄가 용서받았다고 하시면서 고치셨습니다. 주님께서 중풍병자를 일으키신 일을 아시나요? 마음의 세계에서는 무슨 뜻이지요?"

그는 "네, 마음의 세계에서 침상은 피로해진 영혼이 쉼을 얻는 진리의 교리를 뜻합니다. 영적인 사람은 진리를 통해서 영혼이 쉼과 안식을 누립니다. 그래서 친구가 병에 시달리는 중풍병자를 침상에 누인 채 주님께 데려온 것입니다."

나는 "친구는 무엇을 말하나요?"

그는 "마음의 세계에서 친구는 생활 속에서 진리를 실천하는 사람을 의미합니다. 주님이 말씀하셨어요. 만일 너희가 내가 명령한 것을 무엇이든 행한다면, 나는 너희를 더 이상 종들이라 부르지 않고 친구라 부를 것이다"(요15:14).

나는 "마음의 세계에서 친구는 도와주는 분이군요?"

그는 "네 그렇습니다. 친구는 우리를 자극하여 주님께 가도록 자극하지요."

나는 "그러면 기도하고 싶은 마음이 드는 경우에는 친구가 자극하는 건가요?"

그는 "그렇습니다. 마음의 세계에서 영적인 삶을 살도록 인도하는 것은 마음속의 친구가 하는 일입니다. 그래서 중풍병자를 친구가 데리고 오는 것입니다."

나는 "주님께서 그들의 믿음을 보시고 중풍병자에게 안심하여라. 네가 죄를 용서받았다는 말씀은 무슨 의미인가요?"

그는 "인간은 육신의 병을 낫고자 하지만 주님께서는 먼저 영혼의 병이 낫기를 원하십니다."

나는 "그러면 모든 질병은 영혼에 문제가 발생한 건가요? 죄의 결과인가요?"

그는 "반드시 그렇지는 않습니다. 유대인들은 모든 사람의 질병은 각 사람의 죄의 결과라고 넘겨 짚었습니다. 사실 넓은 의미로 질병은 부패의 결과입니다. 그러나 항상 그런 것은 아닙니다. 주님만이 질병이 영적 원인으로부터 진행되는 것인지를 아십니다. 주님께서는 죄의 용서와 일어나 걸어가는 행동은 각각 분리된 것이 아니라 동일하다고 말씀하셨습니다."

나는 "그렇군요. 주님만이 아시겠군요. 이제 그렇게 되면 질병이 치료되겠네요?"

그는 "무엇이든지 병적인 행동은 의도가 부패되어서 나타난 결과입니다. 원인과 결과는 언제나 공존합니다. 주님께서 낫기를 원하는 사람에게 안심하라고 말씀하시면서 죄가 용서되었다고 선포하신 것은 그분의 자비를 원하고 회개하는 사람에게 위로를 주시는 것입니다."

나는 "그러면 죄 사함을 받으면 모든 죄가 없어지나요?"

그는 "아닙니다. 죄의 용서는 죄를 범하게 하는 경향성이 제거되는 것입니다. 주님께서 네 죄가 용서되었다고 말씀하셨을 때 그분께서는 죄짓는 근성을 제거하고 대신에 선을 사랑하는 쪽과 교통하게 하신 것입니다."

나는 "그러면 죄의 경향성이 제거되면 선을 사랑하게 되는군요. 그것이 일어나 걸어가라는 의미인가요?"

그는 "일어나 걸어가라는 명령은 생활 속에 있는 악으로부터 구원되는 것입니다. 그러니까 주님께서는 먼저 내적인 마음을 질서로 회복시키신 후, 외적인 삶을 회복시켜 주십니다. 그리하여 건강한 마음과 건강한 육체가 되게 해 주십니다."

나는 "주님께서 이런 기적을 베푸신 목적이 무엇인가요?"

그는 "주님께서 죄를 용서하는 권한을 가지셨다는 것을 알려주시고자 하시는 것입니다."

나는 "그리고?"

그는 "주님의 말씀에는 우리에게 위로를 주는 진리가 내포되어 있습니다. 주님은 언제나 진리를 수단으로 구원의 권능을 펼치십니다."

나는 "그래서 주님께서 자신을 진리라고 하셨나요?"

그는 "네, 죄가 제거되어야만 진리를 받을 수 있습니다. 그래서 주님은 죄를 용서하시는 것입니다."

나는 "그렇군요. 죄가 제거되어야만 주님의 진리가 머물겠군요. 주님은 용서를 주시기 위해서 이 세상에 오셨구요. 그런데 오늘날 자신의 죄를 용서 받기보다는 자기를 높이고자 하는 이들이 많습니다. 죄 용서가 더 급선무인데 말입니다."

그는 "죄 용서받지 못하면서 직분 갖기를 더욱 선호하는 것은 그들 마음속에 아직도 높아지고자 하는 지배욕이 있기 때문입니다."

나는 "답답하군요. 오늘 곳곳마다 십자가를 높이 세우고 설교를 하지만 정작 죄 용서를 받아야만 진리가 머문다는 것을 말하는 이들은 적다는 것이 안타깝네요. 오히려 자신의 죄는 이미 오래 전에 용서받았다고 떠벌리면서 형제를 용서하지 못하고 여전히 생활 속에 깃든 죄를 버릴 생각을 하지 않으니 말입니다."

그는 "그들이 중풍병자입니다."

나는 "중풍병자가 낫게 되었을 때 그것을 본 주변 사람들은 어떻게 했나요?"

그는 "그것을 본 무리는 두려워하였습니다. 그리고 사람에게 이런 권한을 주신 하나님을 찬양하였습니다."

나는 "그들이 하나님을 찬양했다고요?"

그는 "네, 그들은 헛된 생각을 가지고 있기는 하지만 아주 더러워지지 않은 단순한 사람 혹은 아직은 덜 삐뚤어진 사람들입니다."

나는 "그들은 지금 눈앞에 서계신 분이 누구인지 모르고 있지요?"

그는 "그렇습니다. 그들이 눈과 귀를 가지고 확실하게 증거를 보았지만 지금 그들 앞에 서 계신 분이 육신을 입으신 하나님이시라는 것을 알아보지는 못했습니다. 그러나 그들은 놀라움을 금치 못해서 하나님을 찬양했습니다."

나는 "그들은 주님을 하나님의 권능을 받은 인간 정도로 여겼군요. 그래도 이 정도 인식은 주님의 권능이 바알세불이라는 악마로부터 온 것이라고 소문을 퍼트리는 바리새인이나 율법학자 보다는 훨씬 나은 편이네요."

그는 "그렇습니다. 오늘날 똑똑하다고 하는 이들은 주님의 권능을 왜곡되게 판단합니다. 자신의 머리만 믿는 자는 진리를 지각하지 못합니다."

나는 자만하는 자들은 주님의 권능이 보이지 않으며, 오히려 마음이 단순한 자는 진리에 경의를 표할 준비가 되어 있다는 사실이 놀라웠다. 마음이 순수해야 주님의 신성을 보고 그 분을 찬양할 수 있는 것이다.

중풍병자와 헤어지고

눈 먼 자를 만나다

주변을 살펴보니 오이가 즐비하게 자라고 있었다. 이집트에서는 오래 전부터 나일 강가에 오이를 가꾸었는데, 오이 맛이 좋았다고 한다. 엘리사가 흉년이 들었을 때 수련생들에게 국을 끓이게 했던 푸성귀는 들오이로 불리기도 한다(왕하4:38-40). 오이는 식품으로 담백하고 달고 수분이 많은 것이 특징이다. 오이는 여름에 먹으면 시원한 맛을 주고 더운 기운을 잘 다스리는 식품이다. 그래서 광야 길을 걷던 유대인들은 애굽에 있을 때 오이를 회상하며 불평을 늘어놓았다(민11:5).

마음의 세계에서 오이는 무엇을 의미하는가? 오이는 오감에 의한 지식을 의미한다. 그러나 이런 것에 집착하면 오히려 거짓으로 발전할 수 있다. 히브리인들은 보기에 좋았던 감각적 즐거움을 그리워했다. 이집트의 오이를 그리워하는 그들의 감각적 입맛은 가나안에서는 통용될 수 없는 입맛이다.

이런 깊은 생각을 하던 중에 어느새 눈 먼 자 마을에 도착하였다. 그리고 가파른 언덕에 있는 여러 개의 어두운 동굴을 보았다. 그리고 지팡이에 의지해서 천천히 길을 걷는 한 노인을 보았다. 자세히 보니 그는 눈 먼 자는 아니었다. 눈 먼 자는 아니었지만 눈 먼 자 마을에 살면서 그들을 도와주고 있다고 하였다. 그의 얼굴은 예민하고 지혜로워 보였다.

나는 그에게 정중하게 인사를 하였다.

나는 "나는 마음의 세계에서 진리를 찾으러 다니는 나그네입니다. 이곳 눈 먼 자 마을에 들르게 되었습니다. 눈 먼 자에 대한 의미를 알려주시기를 부탁드립니다."

그는 "눈 먼 자는 사물을 볼 수 없습니다. 눈 먼 자에게는 어두움뿐입니다. 성경에서 빛을 바라나 어두움뿐이요. 밝은 것을 바라나 캄캄한 가운데 행하므로 담을 더듬으며 눈 없는 자같이 두루 더듬는다는 말이 눈 먼 자를 두고 하는 말입니다" (사59:9-10).

나는 "네, 그렇군요. 당신은 이곳에서 무슨 일을 하십니까?"

그는 "나는 눈 먼 자들에게 눈이 열리도록 도와주고 있습니다."

나는 "이곳 마음의 세계에서 눈 먼 자는 무엇을 의미합니까?'

그는 "네, 눈 먼 자는 진리의 빛에 눈을 뜨지 못하는 자들을 말합니다. 그 이유가 진리는 빛으로만 볼 수 있기 때문입니다. 진리가 없으면 거짓된 원리를 신봉하게 됩니다. 이곳에서 눈 먼 자는 거짓 원리에 사로잡혀서 흑암이 깊음에 있다는 말처럼 빛을 못보고, 어두움 속에 갇혀 살고 있습니다."

나는 "영적 눈과 육신적 눈의 차이점에 대해 알려 주시기를 바랍니다."

그는 "사람에게 이해는 영적인 눈입니다. 육신적으로 보기는 하지만 깨닫지 못하면 보는 것이 아닙니다. 영적 눈은 사색과 깨달음, 분석하고 해석하여 진리를 아는 것을 말합니다. 반면에 육신적인 눈은 단지 카메라 렌즈처럼 감각적으로만 인식하는 것을 의미합니다. 그러므로 육안은 영적이고 정신적인 세계의 시야를 넓히도록 부여된 도구입니다. 육안은 안경과 같아서 그 자체로는 볼 수 없습니다. 영안을 통해서 보는 것입니다."

나는 "눈은 눈으로 갚으라 하였다는 말은 무슨 뜻인가요?'

그는 "마음의 세계에서 눈은 이해력입니다. 그러니까 남의 이해

력을 상하게 하면 자신의 이해력에도 영향을 받아서 진리를 깨

닫는 능력이 파괴된다는 불변의 진리를 말합니다."

나는 "그러니까 눈은 진리에 대한 이해이군요?"

그는 "눈은 몸의 등불이니 그러므로 네 눈이 성하면 온 몸이 밝

을 것이요 눈이 나쁘면 온 몸이 어두울 것이니 그러므로 네게 있

는 빛이 어두우면 그 어둠이 얼마나 더하겠느냐는 말씀이 있어

요." (마6:21-23).

나는 "여기서도 눈은 이해를 말하나요?"

그는 "네, 그렇습니다. 주님은 눈과 빛을 같은 의미로 말씀하셨

어요. 그러니까 진리를 이해한다면 빛으로 인하여 선한 삶을 살

게 된다는 의미입니다."

나는 "그러면 마음의 세계에서 눈 먼 자가 눈을 뜨는 것은 무엇

을 의미하나요?"

그는 "주님께서 눈 먼 자를 고쳐주신 이야기는 영안을 열어주시

는 주님의 능력을 말합니다. 영적으로 본다는 것은 진리를 이해

한다는 것을 의미합니다.

나는 "그러면 눈 먼 자는 무엇을 의미합니까?"

그는 "진리의 무지로 인한 거짓된 삶을 의미합니다."

나는 "그러면 눈 먼 자에도 정도 차이가 있나요?"

그는 "네, 눈 먼 자에게는 등급이 있습니다. 첫째로, 진리에 무지한 경우입니다. 둘째는, 진리를 알지만 잘못 이해를 한 경우입니다. 셋째는, 진리를 알고는 있지만 이기적인 욕심으로 진리를 왜곡한 경우입니다. 넷째는, 진리 자체를 거절한 경우입니다. 성경에 어리석은 자는 마음에 하나님이 없다고 말한 구절에 해당됩니다."

나는 눈 먼 자들도 정도 차이가 있다는 말에 놀랐다. 그리고 그 말이 맞다고 여겼다. 그러므로 진리를 거절하는 경우보다 차라리 진리에 무지한 경우는 진리를 받아들일 가능성이 크다고 생각했다.

나는 "주님께서 길을 가시다가 눈 먼 자 두 사람의 눈을 뜨게 하신 일을 아시나요?"

그는 "네 알고 있습니다."

나는 "성경에 굳이 눈 먼 자 두 사람이라고 표현된 이유가 있나요?"

그는 "마음의 세계에서 눈 먼 자 두 사람은 이해와 의지를 말합니다. 의지가 먼저 눈을 떠야 이해가 눈을 뜨게 됩니다. 의지는 의도입니다. 주님께서 선을 사랑하고자 하는 의도를 깨우신 후에 진리의 이해를 열어 주시는 것을 말합니다."

나는 "아하! 그렇군요. 눈 먼 자가 주님께 애원하면서 따라왔는데, 그것은 무슨 의미일까요?"

그는 "눈 먼 자 둘이 애절하게 부르짖으면서 주님을 따라왔어요. 이는 주님의 가르침과 본보기를 따르겠다는 의지적 행동과 결단입니다. 이 사람들이 꾸준하게 주님을 따라옴으로 그들의 기도가 응답되는 계기가 되었습니다. 우리는 그 사실을 알기 때문에 주님의 뜻을 행하기 위해 열심을 내고 주님을 따를 준비를 하고 있습니다."

나는 "그들이 뭐라고 하면서 주님을 따라왔어요?"

그는 "네, 그들은 주님께 자비를 베풀어 달라고 큰 소리로 울었습니다. 운다는 것은 애정을 표현하는 것입니다. 그리고 외침은 생각을 표현한 것입니다. 그들은 간절하게 주님께 자비를 갈망했습니다. 자비를 달라고 기도함은 자신이 얼마나 불완전한 존재인지를 깊이 통감하는 것입니다."

나는 "주님은 어떻게 하셨나요?"

그는 "그때 주님은 내가 너희의 소원을 이룰 것을 믿느냐면서 질문하셨어요. 주님은 그들의 눈을 만지시고는 너희가 믿는 대로 될 것이라고 말씀하셨습니다. 그러자 그들의 눈이 뜨였습니다."

나는 "아! 먼저 주님을 신뢰해야 하는군요. 그렇다면 주님께서 눈을 만지시는 것은 무엇을 의미하나요?"

그는 "주님께서 눈을 만지시는 것은 그분의 권능이 이해와 교류하는 것입니다. 다시 말해서 주님께서 진리의 이해를 열어 주시는 것을 말합니다. 눈 먼 자는 진리에 대한 이해가 열림으로 이전에 알지 못했던 진리를 보고 기쁨을 얻게 되었습니다. 그리고 눈이 뜨여졌습니다."

나는 "한 가지 더 물어볼게요. 주님께서 비유로 하신 말씀인데요. 눈 먼 자가 어떻게 눈 먼 자의 길잡이가 될 수 있겠느냐? 그러면 둘 다 구덩이에 빠지지 않겠느냐? 눈 먼 자가 눈 먼 자를 인도한다는 구절이 궁금합니다."(마15:14).

그는 "아! 그 말씀은 바리새인과 율법학자를 두고 하신 말씀입니다. 주님은 그들을 두고 눈먼 인도자라고 하셨습니다(마23:16-17). 우리가 알아야할 것은 바리새인이나 율법학자는 모든 시대에 존재합니다. 지금도 그들과 비슷한 종류의 사람들이 있습니다."

나는 "그들이 누구인가요?"

그는 "종교 지도자입니다. 그들은 진리의 빛으로 먼저 자신을 변화시키려고 하지 않기 때문에 자신은 물론이고 타인도 잘못 인도합니다. 그 결과 둘 다 구덩이에 빠지고 맙니다."

나는 "어떻게 타인을 잘못 인도한다는 건가요?"

그는 "편견과 탐욕과 독선이 있기 때문입니다. 주님께서 외식하는 자여 먼저 네 눈 속에서 들보를 빼어라 그 후에야 밝히 보고 형제의 눈 속에서 티를 빼리라고 하셨어요. 눈에 있는 들보는 진리의 이해를 막고 왜곡합니다." (마7:5).

나는 "그러니까 인도자는 먼저 자신을 살펴보아야 한다는 말씀이지요?"

그는 "그렇습니다. 눈 먼 자에게 길을 잃게 하는 자는 저주를 받을 것이라 할 것이요 모든 백성은 아멘 할지니라는 말씀이 있어요. 이 말씀의 의미는 어리석고 무지한 사람에게 잘못 가르치는 사람은 자신도 잘못된다는 의미입니다." (신27:18).

나는 "인도자의 책임이 무섭군요."

그는 "음, 성경에 물웅덩이를 열어 두거나 물웅덩이를 파고 덮지 않아서 황소나 나귀가 거기에 빠졌을 경우에 그 물웅덩이의 임자가 짐승의 임자에게 돈으로 보상해야 한다고 했어요. 다시 말

해서, 만일 어떤 사람이 거짓으로 타인을 잘못 인도했다면, 그는

그 사실을 인정해야 하고 그 잘못된 책임을 자기 탓으로 돌리고,

진리의 지식을 주어야 한다는 의미입니다.”(출21:33,34).

나는 “그러니까 잘못 인도한 자의 책임을 말하는 건가요?”

그는 “네, 이런 율법은 얼마나 아름다운 법인지 모릅니다. 자신

의 이기적인 자만으로 인해 어떤 문제를 잘못 처리 했을 때, 이미

잘못된 것들을 원상태로 되돌리기 위해 신속 과감하게 행동해야

합니다.”

나는 “구덩이는 무엇을 의미하나요?”

그는 “구덩이는 생각과 삶이 거짓 원리에 빠진 것을 말합니다.

구덩이에 빠지는 것은 음부에 내려간다는 말입니다. 성경에 남

을 해치려는 마음을 품은 자는 거짓말을 생산하고, 그는 구덩이

를 깊이 판 뒤에 자기가 만든 구덩이에 스스로 빠진다고 했는데,

악한 자는 자신의 거짓 원리에 제물이 된다는 말입니다.”

나는 “왜 그렇지요?”

그는 “그 이유는 인간은 말로 가르치기보다 행동으로 더 가르쳐

지기 때문입니다.”

나는 “그러면 어떻게 가르쳐야 하나요?”

그는 "신실한 교사라면 거듭남을 위해 삶 속에서 진리를 응용해 가야만 합니다. 주위를 둘러보세요! 세상을 쉽게 살아가는 자들이 많습니다. 이들은 선과 악의 지식이 없습니다. 그들은 악을 대수롭지 않게 여깁니다. 그래서 악이 자신에게 접근하는 것을 쉽게 허용합니다."

나는 "제 주변에는 목사와 장로들이 많습니다. 이들은 남에게 진리를 가르치고자 합니다. 이들은 자신이 가장 많은 것을 알고 있다고 자부하기도 합니다. 어떤 자가 진정한 교사가 될 수 있나요?"

그는 "진리를 가르치는 교사는 눈 먼 자가 눈 먼 자를 인도하는 잘못을 피하기 위해 아주 심각하게 그 일을 수행해야만 합니다. 그러기위해서 먼저 악을 혐오해야 합니다. 작은 악일지라도 그 악은 전갈 새끼와 같기 때문입니다. 그리고 악이 얼마나 지독한 거머리와 같은지 경험하지 않은 교사는 악을 대수롭지 않게 여겨서 자칫 구덩이로 인도할 가능성이 매우 높습니다."

나는 "그렇군요. 그러면 교사들은 어떤 준비를 해야 하나요?"

그는 "먼저 교사는 머릿속에 진리를 기억하고 있어야 합니다. 그리고 자신이 진리를 실천해야 합니다. 만일 그렇지 않으면, 타인을 잘못 인도하게 됩니다."

나는 "마음의 세계에서 눈 먼 인도자는 무엇입니까?"

그는 "악한 충동입니다."

나는 "네? 악한 충동이요?"

그는 "마음의 세계에서 악한 충동은 눈이 멀고 어리석고 미련한 인도자입니다. 악한 충동은 성급하게 사람을 거짓으로 인도합니다. 사람이 충동을 따르게 되면 반드시 빛을 잃어버립니다. 악한 충동은 악한 열정을 만듭니다. 악한 열정에 빠지면 진리를 절대로 볼 수가 없습니다. 오히려 귀신이 틈탑니다. 악한 열정은 눈먼 인도자입니다. 그것은 거짓 개념을 가지고 거짓 결론을 이끌어 냅니다. 아무리 올바른 것을 생각하고 행하고자 해도 깊고 깊은 흑암의 구덩이로 끌고 들어갑니다."

나는 "아! 악한 열정이라고 하면 요즘 말로 하면 쾌락과 음란, 중독이나 거짓된 관계에 매이거나 쓸데없는 일에 빠지는 현상을 말하는 거지요?"

그는 "네, 그렇습니다. 예를 들어 분노라는 불덩어리는 시꺼먼 감각의 연기만 솟을 뿐입니다. 지독한 냄새와 함께 올라오는 시꺼먼 매연은 빛을 어둡게 만듭니다."

나는 "그러면 나쁜 충동을 어떻게 제어하지요?"

그는 "사람이 위기를 만나면 우선 급한 불을 끄고 보자는 심정으로 선한 마음이 일어날 때가 많습니다. 그러나 조금이라도 위기가 지나면 그것에 반대되게 행동하거나 뻔뻔해 집니다. 그것은 이미 악한 욕망이 마음을 지배했기 때문입니다."

나는 "악한 충동을 가지면 어떻게 되나요?"

그는 "악한 충동을 가지면 결국 주님을 거절하게 됩니다. 그 결과는 재난입니다."

나는 "그렇다면 악한 충동을 제거하고 마음에 진리를 세울 수 있을까요?"

그는 "네, 그러려면 선에 대한 열정이 있어야 합니다. 선은 삶에서 진리를 실천할 때 옵니다. 그러나 반대로 악을 행한다면, 거짓 원리에 빠질 수밖에 없는 것입니다."

나는 "진리가 어디에 있습니까?"

그는 "진리는 어느 곳에나 존재합니다. 왜냐하면 하나님은 어디에나 계시기 때문입니다. 모든 진리는 하나하나가 원리입니다. 자연계의 이상한 현상을 관찰할 때 그것을 보고 문명화된 사람에게는 과학적 지식으로 이해되지만, 미개인에게는 무지로 인해 공포를 느낍니다. 문명의 사람은 과학적 원리를 알고 있기 때문에 공포가 없습니다. 마찬가지로 영적 무지는 공포를 느끼게 됩니다."

나는 "아! 그렇군요. 원리를 알면 눈 먼 자의 눈이 열릴까요?"

그는 "네, 예언서에 눈 먼 자도 눈을 뜰 것이라는 구절이 있습니다. 이런 구절을 대할 때마다 자신에게 반문해 보아야 합니다. 자신이 영적 눈 먼 자가 아닌가 하고 말입니다."

나는 "그러면 치료약이 있나요?"

그는 "네, 있습니다. 먼저 스승에게 나와야 합니다. 주님은 우리의 스승이십니다. 제자가 스승보다 더 높을 수는 없습니다. 제자는 다 배우고 나서도 스승만큼 되지 못합니다. 우리는 그분의 제자입니다. 그러므로 사랑과 믿음, 순종을 가지고 진리의 빛이 되신 스승을 따르는 자는 눈을 뜨게 됩니다."

나는 "그 말씀은 스승과 함께 한다는 말인가요?"

그는 "네, 주님은 너희는 내가 한 말을 통하여 깨끗해진다고 하셨어요. 진리를 앞세우고 애정, 생각, 행동을 진리의 가르침에 두면 천국의 스승과 함께 인생길을 걷게 됩니다."

나는 "스승을 따르지 않으면 어떻게 되나요?"

그는 "스승을 따르지 않는 것은 곧 진리를 따르지 않는 것입니다. 그는 영적 눈 먼 자로 남습니다. 그에게 천국의 빛은 없습니다."

나는 "성경에 주님께서 땅에 침을 뱉어서, 진흙을 개어 눈 먼 자 된 사람의 눈에 바르시고, 실로암 못으로 가서 씻으라고 말씀하셨습니다(요9:6-7). 그 의미를 알고 싶습니다."

그는 "아! 그 눈 먼 자요? 그는 진리를 가진 적이 없는 자연인을 의미합니다. 자연인은 감각적 상태에 있습니다. 주님께서 땅에 침을 뱉으신 것의 의미는 감각 상태에 진리를 연합시킨 것입니다. 땅은 자연인의 마음을 의미합니다."

나는 "정말로 흥미롭군요. 실로암 연못으로 가서 얼굴을 씻었고 눈이 밝아져서 돌아 왔다고 했는데, 그 의미는 무엇이지요?"

그는 "실로암 연못은 말씀을 상징합니다. 연못에서 씻는다는 것은 말씀의 진리로 순수해짐을 의미합니다. 실로암 이름의 뜻은 보내심을 받은 자인데, 선으로부터 보내심을 받은 진리를 의미합니다. 눈 먼 자는 연못에 가라고 명령받았습니다. 곧 주님의 명령에 순종하여 사는 삶을 의미합니다."

눈 먼자와 헤어지고

열병이 있는 자를 만나다

길가에 쑥이 널려 있었다. 쑥은 몸을 따뜻하게 하고 피를 맑게 한다. 쑥은 독성을 제거하는 약으로도 쓰인다. 성경에 쑥이 부정적으로 쓰일 때에는 악한 교훈(신29:18), 탐욕(잠5:4), 진리를 망가뜨리는 거짓을 의미하기도 한다(계8:11).

이스라엘이 하나님의 가르침을 등졌을 때 쑥을 먹고 쓸개를 핥아야 했다(애3:19). 그들은 쑥을 먹고 거짓의 독을 몰아내야만 했다.

사나운 바람이 불고 비가 몰아치는 날씨였다. 대풍으로 길가의 나무의 가지가 부러지고 잎과 과실이 떨어지고 뿌리가 깊지 않은 나무는 가지가 휘어지고 꺾어지기도 하였다.

그럼에도 불구하고 나는 무작정 길을 걸었다. 비가 몰아쳤기 때문에 비를 피할 집에 들어가고 싶었다. 내게 눈에 띠는 간판이 보였다. 눈을 크게 뜨고 보니 '열병 마을'이라고 쓰여 있었다.

열병은 장티푸스, 발진티푸스, 말라리아, 학질 등을 말하는데, 염증을 수반하는 고열 상태의 병이다. 열병에 걸리면 간헐적인 발열로 고생을 하며 폐렴을 앓기도 한다. 이곳 주민들의 얼굴은 눈주의가 어두웠는데, 무언가 잔뜩 취해있는 듯 보였다.

나는 그중 나이가 많은 지혜로운 분을 만났다. 나는 그분에게 찾아가서 정중하게 인사를 하고는 말했다.

나는 "나는 마음의 세계에서 진리를 찾으러 다니는 나그네입니다. 지나가던 중에 열병 마을에 들르게 되었습니다. 열병에 대해 알고 싶습니다."

그는 "아! 그렇습니까? 보시다시피 우리는 불같이 뜨거운 상태입니다."

그의 얼굴을 자세하게 보니 불같이 달아올라 있었다. 모두들 무언가에 몰입되어 마치 정신 나간 사람들처럼 보였다.

나는 "열병은 무엇을 상징합니까?"

그는 "마음의 세계에서 열병은 욕망이 사나운 기세로 무섭게 타오르는 것을 의미합니다. 사람이 헛된 욕심으로 쾌락을 누리고

자 집착하면 악이 활성화 되어서 결국 무질서의 질병을 초래합니다."

나는 "욕망이 타오르는 것과 악한 상태로 가는 것은 동일한 것인가요?"

그는 "네, 그렇습니다. 욕심이 잉태하여 죄를 낳는다고 하지 않습니까? 욕망은 죄악을 생산해 냅니다. 욕망은 순수한 주님의 사랑을 갉아 먹습니다."

나는 "그러면 욕망 때문에 선한 마음이 타버리겠군요."

그는 "네 그렇습니다. 악한 욕망은 한마디로 죽음의 열기입니다. 그는 서서히 죽어가고 있는 중이라고 보아도 과언이 아닙니다. 성경에 놀라운 재앙을 내려 폐병과 열병으로 눈이 어둡고 생명이 쇠약하게 된다는 구절이 있습니다."(레26:16).

나는 "폐병과 열병은 무슨 뜻인가요?"

그는 "폐병과 열병이 덮친다는 의미는 폐병은 진리가 무너진다는 의미이고, 열병은 맹렬한 욕망이 극에 달해서 선을 파괴한다는 말입니다. 다시 말해서 이 말은 욕심이 악을 만들어 더 이상 선에 이르지 못하는 것을 의미하는 것인데, 그 이유는 영적 성장의 동기가 파괴되었기 때문입니다."

나는 "성경에 악한 욕망의 예가 있나요?"

그는 "주님께서 비유로 말씀하신 둘째 아들이 돼지를 치는 것은 악한 욕망을 의미합니다. 돼지 떼는 악한 욕망이 떼를 지어 있다는 뜻입니다. 즉 비천한 욕망을 의미합니다. 마음의 세계에서 돼지를 친다는 것은 악한 욕망을 키운다는 말입니다."

나는 "돼지는 악한 욕망을 의미하는군요."

그는 "돼지 떼가 추잡한 욕망을 의미하는 것은 주님이 악마를 내쫓으셨을 때, 그 악마들이 돼지 떼에 들어가게 해 달라고 한 것을 보면 알 수 있습니다."

나는 "그러니까 악한 욕망은 가장 낮은 차원에 머물러 살아가는 것을 말하는군요."

그는 "네 그렇습니다. 마음의 세계에서는 인간이 거짓 원리를 가지고 무절제한 수준에 이르게 되면 양떼를 치는 대신 돼지 떼를 치게 되는 것입니다. 그것은 열병에 걸린 상태라고 할 수 있습니다."

나는 "주님을 떠난 이후의 인간이 욕망의 사슬에 얽매이게 된다는 말이지요?"

그는 "네, 그렇지만 결국 인간이 그로인해 나중에 깨닫게 되는 것은 자신이 그렇게도 벗어나고자 했던 천국이 재난에서 그를 구조해 준다는 것입니다."

나는 "아 그렇군요. 탕자가 그랬지요? 그러면 성경에 베드로의 장모가 열병을 앓은 적이 있었는데, 같은 메시지가 들어있나요? 그 의미를 알고자 합니다."

그는 "알려드리지요. 이곳 마음의 세계에서는 베드로를 한 개인으로 보기보다는 믿음의 상태를 의미합니다. 베드로의 장모는 주님 사랑을 의미합니다. 베드로의 장모가 열병으로 누워 있다는 말은 세상 욕심으로 인해 주님사랑이 식어져서 병든 상태가 되었다는 것을 의미합니다."

나는 "그러면 주님 사랑하던 자가 욕망에 빠졌다는 말인가요?"

그는 "그렇습니다. 주님 사랑과는 정반대되는 욕망이 찾아온 것입니다. 마음속에 주님 사랑을 대신하여 세상 욕망이 일어서게 되었습니다. 그것을 두고 열병으로 몸이 끓는 상태라고 하는 것입니다. 그러나 베드로의 장모의 상태는 악한 욕망이 그녀를 완전 정복한 것은 아니고 유전적 자아 사랑이 고양된 것입니다. 다시 말해 악령이 자기 사랑을 휘저어서 시험이 온 것입니다."

나는 "그렇습니까? 그런데 어떻게 열병이 나았나요?"

그는 "주님께서 그녀의 손을 잡으셨습니다. 그러자 열이 순식간에 내렸습니다. 마음의 세계에서 주님의 손을 잡은 것은 주님 사랑이 회복된 것을 의미합니다. 손은 힘을 상징합니다. 주님께서 손을 대심은 그분의 권능이 마음의 원리를 질서 있게 하신 것입니다."

나는 "마음이 질서를 회복해서 어떻게 되었나요?"

그는 "그녀는 곧 자리에서 일어나 주님께 시중들었습니다. 악의 욕망이 제거되자 주님을 섬길 수 있게 된 것입니다."

나는 "주님께서 손을 잡아 주시면 섬기는 삶을 살게 되는 것이군요?"

그는 "그렇습니다. 주님을 사랑하는 자는 섬기는 삶을 삽니다. 천국에 들어가기 위해서는 섬기는 삶을 살아야 하기 때문이지요. 세상 욕망에 얽매이는 자는 절대로 남을 섬길 수 없어요. 욕망의 바이러스가 들어와 영적인 질서를 깨뜨리기 때문에 믿음이 역사하지 못합니다. 믿음의 역사가 없으면 성급해지고 들뜨고 세상에 빠져서 결국 열병에 걸리고 마는 것입니다."

나는 "그러면 열병을 극복하는 방법을 알려주세요."

그는 "네 우리는 그 방법을 알고 있습니다. 그것은 십자가를 지는 것입니다. 주님은 자기 십자가를 지고 따라 오라고 하셨습니다." (마10:38).

나는 "십자가는 무엇을 의미하나요?"

그는 "십자가는 자기를 부정하는 일입니다. 세상에 붙은 악한 욕망을 십자가에 못박는 것이 기독교인이 날마다 땀 흘려서 해야 하는 노동이고 일상적인 의무입니다."

나는 "그 말은 마음의 욕망과 싸워야 한다는 말인가요?"

그는 "욕망뿐만 아니라 악한 습관과도 싸워야 합니다. 그렇게 함으로서 악행을 중단하게 되고 선행을 배워 익숙해지는 것입니다."

나는 "만일 기독교인이 그렇게 하지 않으면요?"

그는 "기독교인이 십자가를 지지 않는다면 십자가를 짊어지고 사랑을 주신 분을 배반하는 자가 되고 맙니다."

나는 "아! 그렇군요. 십자가 지는 삶을 더 자세하게 알려주세요."

그는 "십자가는 순수한 마음으로 주님을 따르고자 할 때 질 수 있습니다."

열병 마을의 지혜로운 분과 헤어지고

말 못하는 자를 만나다

나는 찬송을 부르면서 길을 걸었다. "내주를 가까이 하게 함은 십자가 짐 같은 고생이나." 이렇게 찬양을 부르면서 길을 가는데, 길가에 피어 있는 풀에서 박하향이 은은하게 내 코에 들어왔다. 나는 길가의 풀을 보았다. 라벤더, 백리향, 세이지라는 풀이었다. 향기가 강하고 좋아서 사람들이 식용으로 쓰기도 하고, 특히 페퍼민트 향은 톡 쏘는 느낌이 든다. 이런 풀은 과거에는 복통을 진정시키는 약으로도 쓰였다고 한다. 성경에는 이런 풀을 '우슬초'라고 불렀다.

이스라엘의 제사장들은 박하향이 나는 식물을 묶어서 속죄양의 피를 찍어 제단에 뿌렸고 또는 맑은 물에 찍어 장막에 뿌렸고, 죽은 자의 가구에 뿌려서 정결하게 하였다.

나는 우슬초가 잔뜩 들에 널려 있는 길가를 걸어가고 있다. 나는 그 향기로 인해 기분이 아주 상쾌하고 좋았다. 마음의 세계에서 우슬초는 악의 사슬에 매여 종노릇하는 영혼에게 주님과의 연결 하도록 하는 중재자를 상징한다.

나는 말 못하는 자 마을에 도착하였다. 나는 마을 주민을 만났는데, 이들과 대화를 하지 못할까봐 걱정이 되었다. 그러나 의외로 이들은 말을 하였다. 나는 잠시 이곳이 마음의 세계라는 사실을 잊어버렸다.

나중에 알게 된 사실이지만 마음의 세계에서 말 못하는 자는 말을 못하는 것이 아니라 자신의 믿음을 표현하지 못하는 지경에 이른 사람이라는 것을 알게 되었다.

나는 어느 집 문 앞에 앉아있는 어느 한 분에게 친절하게 인사를 했다. 그는 말 못하는 자들에게 주님을 향한 믿음을 고백하도록 찬송과 기도를 가르치는 선량한 자였다.

"나는 마음의 세계에 돌아다니며 진리를 찾고 있습니다. 부디 당신들의 아픔과 고통을 말해 주시기를 부탁드립니다."

그러자 그분이 말을 했다. "방문해 주셔서 감사합니다. 무엇이

궁금하신지요?'

나는 "마음의 세계에서 언어는 무엇을 의미하나요?'

그는 '언어는 하나의 소견입니다. 언어 속에는 사상이 들어 있습니다. 언어를 통해서 상대방의 사상을 발견하게 됩니다."

나는 "언어는 사상이군요."

그는 "네, 그렇습니다. 입은 언어를 만들어내는 하나의 기관입니다. 그리고 입술과 혀와 이의 역할은 음절을 붙여서 낱말을 만들어 냅니다."

나는 "그러면 마음의 세계에서 말 못하는 자는 무엇을 말하지요?'

그는 "마음의 세계에서 말 못하는 자는 지각력이 부족해서 자기 사상을 상대방이 알아듣도록 말하지 못하는 상태를 의미합니다. 합리적인 말과 지각 있는 말을 하지 못한다면 영적으로 말 못하는 자라고 할 수 있습니다."

나는 "그러면 말 못하는 자는 진리에 대한 믿음을 고백하기 어려운 상태를 말하는군요?'

그는 "그렇습니다. 마음의 세계에서 말은 진리의 고백을 의미하기 때문입니다. 성경에 주여 내 입술을 열어 주소서 내 입이 주를 찬송하여 전파하리라고 했습니다." (시51:15).

나는 "네"

그는 "여호와의 말씀으로 하늘이 지음이 되었으며 만상을 그의 입 기운으로 이루었다고 하였습니다. 이처럼 주님은 말씀으로 사랑과 지혜를 표현하셨습니다" (시33:6).

나는 "그러니까 종합하여 말하자면 말 못하는 자는 합리성과 지각이 부족해서 진리에 대한 믿음을 고백하지 못하는 상태를 말하는군요."

그는 "네, 그렇습니다."

나는 "무엇 때문이지요? 이곳 마음의 세계는 자유로운 곳이어서 자신이 원한다면 얼마든지 말을 할 수 있지 않나요?"

그는 "그렇지 않습니다. 말 못하는 자는 어느 세력에 억눌려 있습니다. 그래서 고백하는데 제약이 있습니다. 성경에 귀신 들려 말 못하는 사람을 예수께 데려오니 귀신이 쫓겨나고 말 못하는 사람이 말하게 되었다고 하였습니다. 우리에게 진정한 자유가 있어야만 해방되어 믿음을 고백하고 노래할 수 있습니다." (마 9:32).

나는 "아! 무언가에 묶여 있군요. 속박 상태이군요."

그는 "그렇습니다. 세례요한의 아버지 사가랴가 천사의 예언을 믿지 않아서 말 못하는 자가 된 적이 있었습니다. 그리고 요한이 출생한 후에 비로소 혀가 풀려서 말을 하게 되었습니다. 우리는 말 못하는 자 마을에서 말 못하는 자의 혀가 노래할 날을 기다리고 있습니다. 주님께 우리의 믿음을 고백하는 날을 기다립니다."

나는 "당신들이 말하는 그 세력은 왜 믿음을 고백하지 못하도록 할까요?"

그는 "진리에 대한 믿음을 고백하면 주님과 연결되기 때문입니다."

나는 "그래서 성경에 귀신 들리고 말 못하는 자라고 하였나요?"

그는 "네, 성경에는 말 못하는 자를 주님께 데려왔을 때 귀신이 쫓겨 나가고 말 못하는 자가 말을 했습니다."(마9:32-33).

그러자 옆에 있던 또 다른 말 못하는 자가 말을 했다. 그는 현명해 보였다.

"마음의 세계에서 말 못하는 자는 청각장애와 함께 오는 경우가 많습니다. 청각장애는 천국으로부터 들어오는 입구가 닫힌 것이고 말 못하는 자는 천국을 향하는 출구가 닫힌 것입니다. 받는 것과 주는 것이 막힌 것입니다. 두 가지는 생명의 큰 기능입니다."

나는 "그러니까 말 못하는 자는 출구를 잃어버린 것이군요. 출구라고 한다면 기도, 찬양, 선행을 말하는 것이지요? 이것을 하지 못한다면 하나님께 영광을 돌릴 수도 없겠네요. 그래서 귀신에게 사로잡혀 있다고 하는 건가요?"

그는 "네, 귀신이 진리를 고백하거나 선행하지 못하도록 억누르고 있는 것입니다. 말 못하는 자가 낫게 되는 것은 믿음의 고백을 말로 표현하는 능력이 회복되는 것을 말합니다."

나는 "그 능력이 회복되려면 어떻게 해야 하나요?"

그는 "그것은 점유하고 있는 귀신을 쫓아 내야 합니다. 이런 상태를 두고 성경에는 입 다물고 말 못하는 자 되어 가만히 있으려니 더욱 아프고 쓰라립니다...당신께서 하시는 일이오니 입을 다물고 잠자코 있으리라고 했어요."(시39:2,9).

나는 "왜 말 못하는 자가 되었죠? 제사장 사가랴가 천사 가브리엘의 말을 믿지 못했을 때 말 못하는 자가 된 것처럼 주님의 약속을 믿지 못하면 그렇게 되나요?"

그는 "네, 주님의 거룩한 약속을 믿지 못하면 주님의 권능을 드러낼 수 없습니다. 그래서 믿지 못한 사가랴가 말 못하는 자가 된 것입니다. 그러기에 마음의 세계에서 주님께 대한 믿음은 절대로 필요한 것입니다."

나는 "그러면 주님께서 귀신을 쫓아내시도록 하기위해서 무엇을 해야 하나요?"

그는 "예, 우리가 해야 할 일은 자유 의지를 가지고 적극적으로 주님께 협력해야 합니다. 요한 웨슬레는 이 부분을 '신인협동'이라고 말했습니다. 사실 이 부분이 안 되서 이 마을에 머물고 있는 것입니다."

나는 "네, 그러기 위해서는 무엇을 해야 하지요?"

그는 "우선 먼저 주님의 자비하심을 믿어야만 합니다. 주님께서 우리의 불신앙과 믿음을 파괴하는 귀신을 쫓아내신다면 주님의 선하심을 드러내 보이실 것입니다."

나는 "말 못하는 자의 혀가 노래를 부른다는 말은 무엇을 뜻하나요?"

그는 "그 말은 주님께 대한 믿음을 고백한다는 말입니다. 나의 주여, 내 입술을 열어 주소서 입으로 주를 찬양 하겠습니다! 라고 기도할 수 있다면 우리의 기도는 분명 응답될 것이고 주님을 찬양할 수 있을 것입니다"(시51:15).

그러자 길을 지나가던 나그네가 우리의 말을 듣고는 거들었다.

그는 마음의 세계에서 어려움에 처한 사람을 도와주는 선한 일을 하는 자였다.

"저도 한 마디해도 될까요?사람의 말속에는 생각과 느낌이 들어 있습니다. 그러기에 마음의 세계에서는 말은 빛과 생명입니다. 그런가하면 말속에는 무질서와 혼란도 들어 있는가 하면 어두움과 악도 있습니다. 이렇게 말은 보이지 않는 사상과 생각을 드러냅니다. 태초에 하나님이 천지를 창조하셨다고 말씀하셨습니다. 하나님은 말씀으로써 그분의 의지를 표현하셨습니다. 그리고 그리스도는 하나님의 온전하신 말씀이십니다. 그리스도는 하나님의 영광의 광채시오 그 본체의 형상이라고 하셨고, 그의 능력과 말씀으로 만물을 붙드시고 죄를 정결케 하신다고 하셨습니다." (히1:1-5).

나는 나그네의 말을 듣고 말의 위대함을 새삼 깨닫게 되었다. 말은 사람을 죽이기도 하고 살리기도 하는 위대한 능력이라는 사실을 깨달았다.

나는 "주님을 높이고자 하는 자들이 말의 위대함을 알기에 이런 노래를 불렀군요. 오라 우리가 여호와께 노래하며 우리의 구원의 반석을 향하여 즐거이 외치자 우리가 감사함으로 그 앞에 나아가며 시를 지어 즐거이 그를 노래하자." (시95:1-2).

그는 "시편에는 새 노래로 여호와께 찬송하라 그는 기이한 일을 행하사 그의 오른손과 거룩한 팔로 자기를 위하여 구원을 베푸셨음이라고 했습니다."(시98:1).

나는 "새 노래는 무엇을 의미하나요?"

그는 "새 노래는 주님을 시인하고 감사를 고백하는 노래입니다."

나는 "새 노래를 부르려면 어떻게 해야 합니까?"

그는 "주님이 우리를 위해 하신 일을 날마다 새롭게 깨달을 때, 감사한 마음이 샘솟듯이 올라와서 새 노래를 부를 수 있습니다. 계시록에는 보좌 주변에 천사와 성도들이 새 노래를 부른다고 했습니다(계5:9). 그 말은 주님이 천국과 세상을 다스리심을 기뻐하며 감사한다는 의미입니다."

나는 "개인적으로도 그런 날이 오기를 간절하게 바랍니다. 주님을 찬양합니다."

나는 주님의 권능과 전능하심을 찬양하고 그분을 높이는 것이 얼마나 위대한 일인가를 깨달았다. 이제 나는 삶을 통해서 주님께 나의 마음을 고백하고 주님을 높이기를 원한다. 말 못하는 자 마을의 지혜로운 자들과 헤어지고

손 마른 자를 만나다

나는 가시나무가 즐비한 수풀을 지나게 되었다. 나는 가시에 찔릴까봐 피해 지나려고 애를 썼다. 나는 가시나무를 보면서, 가시나무는 법궤를 만드는 재료가 된다는 것이 생각났다. 가시나무도 거룩한 일에 쓰임을 받을 수 있는 것이다. 모세도 가시나무에서 불붙는 광경을 보았다.

나는 내 영혼도 그렇게 되기를 간절하게 바랬다. 비록 가시나무 같이 모가 난 인생이지만 주님의 사랑의 불이 타올라 새로운 변화가 있기를 간절하게 바랄 뿐이다.

나는 손 마른 자의 동네에 도착하였다. 동네 입구에 세워진 '손 마른 자의 마을'이라는 푯말이 보였다. 나는 빠른 발걸음으로 동네에 들어갔다.

나는 그곳에서 팔이 꼬부라지고 손이 오그라든 사람을 보았다.

내가 알기로 마음의 세계에서 손은 행위의 상징으로 여겨진다고 들었다. 그리고 손에 모든 행위가 기록된다고 들었다. 언젠가 그 손을 펴서 주님과 결산할 날이 올 것이다. 주님은 언제나 소출을 기대하시기 때문이다. 나의 행한 모든 의도와 행위가 드러나는 날이 반드시 오게 된다. 진리가 너희를 심판한다는 말씀처럼 진리의 잣대로 선과 악의 모든 의도와 행위를 재는 날이 올 것이다.

나는 여유롭고 평안하게 나무 그늘에 쉬고 있는 어느 분에게 정중하게 인사를 하고 말을 하였다.

나는 "나는 마음의 세계에서 진리를 찾아다니고 있습니다. 손 마른 질병에 대해 알고자 합니다. 말씀해 주시기를 부탁드립니다."

그는 "우리들을 만나기 위해 이곳까지 오셨군요."

나는 "마음의 세계에서 손이 마르다는 의미는 무엇인가요?"

그는 "손은 힘을 상징합니다. 사람은 손으로 다른 이들을 도와주는 선행을 하기도 하고 악행을 행하기도 합니다. 손은 역동적으로 움직이는 영향력입니다."

나는 "한마디로 진리를 실천하는 능력인가요?"

그는 "네, 주의 법도를 지키는 것이 나의 소유라고 하였습니다."

(시119:26).

나는 "아 그렇군요. 안식일에 회당에 나왔던 손 마른 자를 주님이 그를 일으켜 세우시고 안식일에 선을 행하는 것이 옳으냐? 악을 행하는 것이 옳으냐고 물어보시고는 손을 내밀라고 하셨습니다. 그리고 손이 낫게 된 일을 기억합니다." (눅6:6-10).

그는 "안식일의 의미를 유대인들이 왜곡하므로 주님이 그렇게 말씀하신 것입니다. 유대인들은 안식일을 육체적으로 편안하게 쉬는 것으로 여겼습니다. 그래서 제자들이 안식일에 밀을 비벼서 먹었다고 해서 율법을 어겼다고 시비를 걸었습니다."

나는 "그러면 진정한 안식은 무엇인가요?"

그는 "사람들은 육체적으로 편하게 쉬는 것이 안식인 줄로 알고 있습니다. 그렇지 않습니다. 마음의 세계에서 안식은 믿음과 행함이 일치한 상태를 의미합니다. 믿음과 행함이 일치하면 갈등과 부조화가 없어지거든요, 그것이 진정한 영혼의 안식입니다."

나는 "손이 마른 자는요?"

그는 "손은 힘이라고 하였지요? 손 마른 자는 손이 메마른 상태이므로 진리를 실천하지 못하는 자를 의미합니다."

나는 "진리를 알고 있는 자들인데도 불구하고 실천하지 않는다면 손 마른 자라고 할 수 있겠네요?"

그는 "그렇습니다. 아는 것을 행하지 않는 자는 영적으로 손 마른 자입니다."

나는 "그렇다면 마른 상태는 무엇을 의미합니까?"

그는 "마음의 세계에서 마름은 진리가 없는 삭막한 상태를 의미합니다. 예를 들어, 땅위에 물이 말랐다(창8:13), 마른 장소(마12:43), 마른 가슴(호9:14), 마른 뼈(겔37장), 가뭄(렘17:8), 마른 무화과(마21:19), 뿌리가 말랐다(마13:6)고 했습니다."

나는 "아 그렇군요."

그는 "주님께서 목마른 사람은 다 나에게 와서 마시라고 하셨어요. 목마름은 신체에 물이 필요할 때 요구되는 자연스런 갈망입니다. 그런 것처럼 진리의 갈증은 영혼의 생명을 위해 필요하기 때문에 느끼는 것입니다."

나는 "노아 홍수 당시에 물이 말랐다고 했는데 같은 의미인가요?"

그는 "노아 홍수의 땅 위에 물이 말랐다는 말은 거짓이 더 이상 나타나지 않음을 의미합니다. 노아 홍수는 거짓이 팽배한 상태를 의미하거든요."

나는 "노아 홍수는 거짓이 가득한 상태이군요."

그는 "그렇습니다. 마음의 세계에서 물은 진리를 의미하기도 하고 거짓을 뜻하기도 합니다."

나는 "그러면 마른 장소, 마른 가슴, 마른 뼈, 가뭄, 마른 무화과, 뿌리가 말랐다는 것도 그렇게 이해를 해야 하나요?"

그는 "그렇습니다. 마른 장소는 진리가 없는 것, 마른 가슴은 선이 없는 것이고, 마른 뼈는 영적 생명이 없고, 가뭄은 진리의 결핍, 무화과나무가 말랐다는 것은 선과 진리도 더 이상 있지 않는 것, 뿌리가 말랐다는 멸망을 의미합니다."

나는 "아! 잘 알겠습니다. 그러면 안수하는 것은 무엇을 말하나요?"

그는 "손은 힘을 상징하는 신체 기관입니다. 제사 지낼 때 제물의 머리에 손을 얹는데, 이는 속에서부터 밖에 이르기까지 힘의 교통을 의미합니다."

나는 "주님이 소녀의 손을 잡으신 것은요?"

그는 "주님의 손은 그분의 권능을 의미합니다. 주님이 죽은 소녀의 손을 잡으시자 곧 일어났다고 했습니다(마9:25). 주님께서 소녀의 손을 잡았다는 것은 주님의 권능이 소녀의 손을 통하여 교통되었다는 의미입니다."

여기까지 들은 나는 마음속에 불기둥처럼 뭉클뭉클한 느낌과 함께 간절한 마음이 솟아오르는 것이 느껴졌다. 내게는 정말로 주님의 손길이 필요하다. 왜냐하면 나는 너무나 마음이 상해서 생기를 잃어버렸으며 가슴이 아프고 지칠 대로 지쳐 기운이 빠져버렸기 때문이다. 이렇게 지친 팔과 다리로는 한발자국도 움직일 수 없는 지경에 이르렀다. 진실로 주님을 사랑하며 하늘나라에 이르기를 원하지만 초기에 가졌던 용맹함은 온데 간데 없고 악한 세력이 우는 사자처럼 달려들고, 양의 탈을 쓴 늑대는 으르렁거리고 뱀의 간교한 궤계로 인해 헤쳐나갈 길을 잃어버렸기 때문이다. 주님을 시험하여 성전 꼭대기에 세우려는 마귀는 나를 그 위에 세우려고 온몸을 잡아 끌어당기면서 안간힘을 쓰지만 나는 성전꼭대기에 올라가지 않으려고 그야말로 간신히 버티고 있는 입장이다.

그러나 힘은 점점 빠지고 눈에서는 눈물만 가득하고 삶의 의욕은 점점 사라지고 사방이 막혀 막막한 상태에 도달했다. 주님이 말씀하신대로 양을 이리가운데 보냄과 같다는 말이 절절하게 실감날 뿐 아니라 고통스럽기 그지없다. 나는 눈물로 탄식하면서 "주님, 주님의 강한 손으로 내게 안수해주셔서 하늘의 신령한 힘을 주시고 나의 안과 밖 모두를 질서 있게 하시고 정결케 해주소서."라고 기도했다.

나는 "주님께서 비유로 예복을 입지 않고 잔치자리에 들어온 사람에게 손과 발을 묶어서 바깥 어두운 데에 내어 쫓으라고 하셨습니다. 무슨 의미인가요?"

그는 "손은 일로, 발은 걷는 것으로 능력을 발휘합니다. 마음의 세계에서 손과 발은 능력을 의미합니다. 손과 발을 묶는다는 것은 마음의 모든 능력을 묶는다는 말입니다."

나는 "그러니까 꼼짝 못하고 지옥으로 떨어진다는 말이네요. 무섭습니다."

그는 "그렇습니다. 주님 앞에서 인간이 무슨 힘이 있겠습니까?"

나는 "한 가지 더 묻겠습니다. 사람들이 현장에서 간음하다 잡힌 여인을 주님께 데리고 와서는 모세 율법에는 이런 자를 돌로 쳐죽이라고 했는데 당신은 어떻게 하는 것이 옳으냐고 물었어요. 그때 주님께서 땅바닥에 손가락으로 글을 쓰셨어요. 땅바닥에 글을 쓰는 것이 무슨 뜻인지 알려주세요." (요8:5).

그는 "당신은 무슨 내용을 쓰셨다고 생각하시나요?"

나는 "음, 설교 중에 들은 것인데, 어느 분은 십계명을 쓰셨다고 하고, 어느 분은 시간을 벌었다고 하고, 어느 분은 여인에게 위로의 말을 쓰셨다고 들었어요."

그는 "하하! 주님께서 몸을 구부리고 손가락으로 땅바닥에 무엇인가 쓰셨어요. 그런데 유대인들이 하도 대답을 재촉하기 때문에 고개를 드시고 너희 중에 누구든지 죄 없는 사람이 먼저 저 여자를 돌로 치라고 말씀하시고는 다시 몸을 굽혀 계속해서 땅바닥에 무엇인가 쓰셨습니다."

나는 "주님의 행동과 말씀에는 하나하나가 의미가 있지요?"

그는 "그렇습니다. 그분께서 땅바닥에 뭔가를 쓰시는 모습은 예레미야의 말을 떠오르게 합니다. 여호와를 떠나는 자는 흙 위에 기록될 것이다."(렘17:13).

나는 "무슨 의미이지요?"

그는 "고발자에 대한 상징적 답변입니다. 유대인들의 행위가 땅 위에 씌어졌다는 것입니다. 유대인의 행동이 주를 버리는 행위라는 의미입니다."

나는 "그러면 주님이 간음하는 여인을 두둔하신 건가요?"

그는 "아니요. 유대인들은 여인의 죄가 미워서 고발한 것이 아닙니다. 또 정당하게 판결되기를 원해서 주님께 끌고 온 것도 아닙니다. 그들은 주님께서 판결을 내리는 것을 보고 싶어서가 아니라, 주님에게 유죄 판결을 받게 하려고 계략을 꾸민 것입니다."

나는 "그러면 유대인들이 자신의 행위에 양심에 찔려서 돌아간 것인가요?"

그는 "네, 그렇습니다. 위선자들의 양심이 매우 적은 양이지만 그들을 몰아내기에는 충분했습니다."

나는 "마음의 세계에서 양심은 자신의 죄를 알려주는 경고등과 같군요. 그러면 땅에서 소리치는 아벨의 핏 소리도 같은 의미인가요?"

그는 "그렇습니다. 아벨의 핏 소리도 양심을 의미합니다. 양심은 죄를 알아차리도록 알려주지만 악행으로부터 예방해주지는 못합니다."

나는 "양심을 무시하기 때문이지요?"

그는 "심지어 지옥에 가는 자들도 아주 미미한 양심을 통해서 자기의 죄를 알게 되지요."

나는 "아! 주님은 인간의 죄를 스스로 알게끔 인간의 마음에 양심을 새겨 놓았군요. 그렇다면 선한 자의 양심과 악한 자의 양심이 다르나요?"

그는 "그렇습니다. 선한 자의 양심은 죄를 짓지 않게 해주는 안전장치이지만 악한 자의 양심은 그저 경고등에 불과합니다."

나는 "아! 아버지께서는 아들을 사랑하셔서 모든 것을 그의 손에 주셨다고 하셨는데, 주님의 손은 능력을 의미하나요?"

그는 "맞습니다. 모든 것이 아들의 손에 주셨다고 하였는데, 주님의 전능하심을 의미합니다. 주님의 전능하심이 인간 구원을 위해 일하는 것입니다. 그 구절에서 아들은 사랑의 대상이 아니고 사랑의 주체자를 두고 하신 말씀입니다."

나는 "아! 그런가요?"

그는 "아버지가 아들 안에 있듯이 신성이 인성 안에 계신 것입니다. 그런 의미를 알아야 합니다. 고로 아버지가 아들의 손에 모든 것을 주셨다는 뜻은 모든 힘이 진리 안에 들어 있음을 이해해야 합니다."

손 마른 자와 헤어지고

저는 자를 만나다

길가에 목화밭을 지나게 되었다. 목화는 길쌈 문화가 이루어진 이래 인류에게 옷감을 제공하는 유익한 식물이다. 성경에 목화는 고운 삼베나 세마포라고 불렸는데, 하늘의 군대가 흰 세마포 옷을 입고 있다고 하였다. 또한 세마포는 성도들의 옳은 행실이라고 하였다(계19:8,14). 마음의 세계에서 세마포는 진리의 옷을 의미한다.

그러나 마음의 세계에서 옷은 물질적인 옷이 아니라 영적 옷이라는 것을 알아야 한다. 그러므로 주님은 빛의 옷을 입으시고 천사는 지혜의 옷을 입고 사람은 지식과 깨달음의 옷을 입는 것이다.

마음의 세계는 옷은 성도들의 옳은 행실이라고 하였기 때문에 어떤 옷을 입느냐는 한마디로 그의 삶을 그대로 보여주는 것이 된다. 이곳은 자신을 숨길 수 없는 나라이기 때문에 옷과 행실은 하나의 상태가 되어 외부에 드러나게 되는 것이다.

나의 지난날의 삶을 돌이켜 보면 매순간마다 진리대로 살지 못하고 그때그때마다 마치 무언가에 홀린 듯이 남의 말에 이끌리어 행동했던 그런 순간들이 많았다. 돌이켜보면 내가 왜 그 당시 인생에 책임지려는 태도로 인식하지 못했을까하는 의문이 들었다. 그야말로 타인의 설득과 손에 이끌리어 내 인생을 내 맡겨 버렸던 것 같다. 그 당시에는 남의 말을 잘 듣는 습성과 함께 미련해서 그렇다고 여겼지만 이제 와서 보면 진리에 바로 서지 못했던 나의 경솔함과 어리석음 때문이라고 여겨진다.

그것은 진정 내가 원하는 목적이 아니었다. 그런 것을 생각하면 무척 후회가 되었다. 나는 길가에 세워진 '저는 자의 마을'이라는 글씨가 새겨진 팻말을 보았다. 절룩거린다는 표현이 나의 인생을 대변하는 듯 보였다. 눈을 들어 보니 먼 곳에서 다리를 절면서 다가오는 분이 있었다. 그는 마치 전투를 치른 사람처럼 숨을 가쁘게 몰아쉬며 씩씩대면서 걸어 왔는데, 그의 얼굴은 선하게 보였다.

가까이 다가오는 그에게 나는 먼저 다가서서 이렇게 말했다.

"나는 마음의 세계에 진리를 찾으러 다니는 중인데 다리를 저는 자의 마을에 들르게 되었습니다. 나에게 당신에 대해 알려 주시기를 부탁드립니다."

그는 "우리는 당신이 보다시피 다리를 절고 있습니다. 이곳에는 우리와 같은 일을 겪는 분들이 많습니다."

나는 "다리를 전다는 의미는 무엇입니까?"

그는 "다리를 전다는 것은 제대로 된 선행이 없는 상태입니다. 또한 선하기는 하지만 진리에는 무지해서 온전한 선 안에 있지 못한 자를 가르치기도 합니다." (렘31:8).

나는 "진리는 갖고 있는데 선을 행할 힘이 없거나 선하기는 하지만 진리를 실천할 힘이 약하다는 말씀인가요?"

그는 "네, 진리를 알면서 선행을 못하는 자와 진리에 무지해서 곧잘 넘어지는 자들을 의미합니다."

나는 "넘어진다고요?"

그는 "마음의 세계에서 걷는 것은 아기가 아장아장 걷듯이 소극적 삶에서 적극적 삶으로 나가는 것입니다. 거기에 반해 다리를 절룩거린다는 의미는 믿음과 행함의 기능이 잘못된 것을 말합니다."

나는 "야곱도 천사와 씨름한 후에 허벅지가 위골되어 절었다고 했습니다. 같은 의미인가요? (창32:31). 야곱이 다리를 절룩거린 일에 대해 말씀해 주시기를 바랍니다."

그는 "마음의 세계에서 야곱은 한 개인을 말하는 것이 아니라 넓은 의미에서 진리를 의미합니다. 엉덩이뼈는 생식 기관을 보호하는 뼈입니다."

나는 "그러면 생식기관은 무엇을 뜻하나요?"

그는 "생식 기관은 자손을 생산하는 기관입니다. 마음의 세계에서 생식기관은 진리를 통해서 선이 열매 맺는 장소이지요."

나는 "아! 절묘하군요. 그러면 남녀가 하나 되듯이 진리와 선이 하나 되는 곳이라고 할 수 있겠네요."

그는 "바로 그렇습니다. 진리와 선의 연합입니다. 우리는 그 상태를 생명이라고 부릅니다. 그 생명을 잉태하는 기관이 생식 기관입니다."

나는 "신비롭군요. 그러면 마음의 세계에서 진리와 선이 있으면 생명이 있게 되고, 생명 있는 자는 천국 백성이 되는 건가요?"

그는 "잘 보셨습니다. 그러므로 생식 기관을 거룩하게 여겨야 합니다."

나는 "생식활동이 잘못된 것이 간음이군요?"

그는 "그렇습니다. 부부간에 이루어져야할 생명의 작업이 거짓과 연합해 버린 것입니다. 바울이 말한대로 창기와 합하는 자는 창기와 하나 되는 것과 같습니다."

나는 "그러면 그렇게 중요한 생식 기관을 보호하는 엉덩이뼈가 부러진 것은 생명이 이루어지지 못한 상태를 의미하겠군요?"

그는 "마음의 세계에서 야곱의 엉덩이뼈가 위골된 것은 진리의 무지로 인해 선의 경지에 도달하지 못한 상태입니다. 진리의 질서가 아직 잡히지 않았음을 의미합니다."

나는 "아! 진리의 무지로 인해서 그런 일이 벌어졌군요. 그렇다면 선에 도달하지 못하나요?"

그는 "그렇습니다. 진리의 무지 때문입니다."

나는 "그러면 어떤 상태에 있게 되지요?"

그는 "자연적 상태에 머뭅니다."

나는 "자연적 상태를 두고 다리를 절었다고 하는 건가요?"

그는 "네, 엉덩이뼈가 어긋나므로 절었다는 말은 믿음과 행함이 질서 있게 정리되지 않았다는 것을 말합니다."

나는 "믿음과 행함이요?"

그는 "아! 진리는 믿음을 말하고 선은 행함을 의미합니다."

나는 "그래서 이스라엘의 아들들은 허벅지의 우묵한 곳, 어긋난 곳의 신경을 먹지 않는다고 했나요?"

그는 "그렇습니다. 마음의 세계에서 야곱의 허벅지의 우묵한 곳을 건드려 신경이 어긋난 것은 거짓을 의미하기 때문입니다. 거짓이 있으면 안된다는 의미입니다."

나는 "성경에 절름발이가 수사슴 같이 뛸 것이라고 했는데, 그것은 어떤 의미인가요?" (사35:6).

그는 "미약하지만 선을 갈망하는 자를 의미합니다. 절름발이가 제대로 뛸 수는 없지요. 이 말씀의 의미는 선하기는 하지만 제대로 된 선에 들어가지 못한 상태를 의미합니다. 지팡이로 자신을 지탱하는 자라고 볼 수 있어요." (삼하3:29).

나는 자신을 반성하며 시를 읊었다. "주의 종이라 여기고, 자부심에 흠뻑 젖어서 자신은 세속적이지 않고 거룩하며, 일용할 양식은 까마귀가 가져다줄 것이요, 기도만 하면 기적은 언제든 찾아 올 것이요, 주님이 특별하게 뽑아서 세운 거룩한 사람이기 때문에 입에서 나오는 말은 스스로 하는 말이 아니고 하늘이 준 것이고, 나를 대접하는 것은 주님께서 대신 갚아줄 것이니 나에게 잘하는 것은 너희들의 복이라고 여기고 있습니다.

그리하여 자신을 특별 계층으로 여기고 선지자, 목사, 사도, 감독 등 제멋대로 이름을 지어 부르며 한껏 영웅심에 떠들며 대접받아 왔는데 하늘나라 총명의 빛에 비추어보니 인애의 진리는 하나도 없고. 더구나 선은 보이지도 않을 정도로 피폐해져 있군요. 한마디로 엉덩이뼈가 위골되어 있네요.

이는 무엇을 말하나요? 하늘나라의 선에 들어갈 진리가 없고 그 나라의 질서가 준비되지 않고 영적인 장애인이라는 것을 모르고 있군요.

그런데도 거룩한 가운을 걸치는 것을 좋아하고, 인간미를 상실하여 냉정하게 말하기를 좋아하고 교회법과 규칙과 질서를 말하면서 분노하고 비난하고 정죄하며 자기 외에는 진리를 말하는 자가 없고 사람들을 양으로 취급하여 자기들이 하늘의 먹잇감을 주는 줄 알고 있으며 자기들의 교리가 정답이어서 그 누구도 접근하기 어려운 심오한 것을 갖고 있다고 여기네요.

그러니 얼마나 좋으시겠어요. 선택받은 종자이고 구별된 사람들이고 수많은 사람들 중에 뽑아낸 특별한 존재들이니 세상 살아 갈 만 하겠군요.

그런데 사실 당신은 하늘의 질서와는 거리가 멀거든요. 인애의 진리에 대해 무지하거든요. 당신들은 이방인과 같다고 할 수 있습니다. 그래서 전다고 한 겁니다. 당신들이 사랑을 부러 잊어버리고 자신의 믿음만 주장하면 할수록 당신들은 더욱 절룩거립니다.

이는 마치 천국 잔치에 모든 신령한 것이 준비되어 있는데 신령 세계에 장애인이 되어 먹을 수 없고 볼 수 없는 처지가 되어 버려 잔치에서 쫓겨나 바깥 어두운 골목에서 이를 갈고 있는 신세와 같다고 할 수 있습니다.

그러니 어찌하면 좋단 말입니까?'

나는 마음을 가다듬고 하늘을 바라보며 기도했다.

"주여 진리에 대한 믿음과 선을 행할 힘을 주소서. 그리하여 온전한 걸음으로 천국에 이르게 하소서. 좀 더 겸손하게 하시고 주님을 섬기는 마음을 주소서. 내 삶에 하늘의 빛으로 가득하게 하소서."

저는 자와 헤어지고

청각 장애인을 만나다

나는 늪지를 통과하게 되었다. 늪지에는 유독 갈대가 많이 자랐다. 고대에 갈대는 파피루스의 원료나 새끼를 꼬아 사람이 주거할 때 바닥에 까는 돗자리로 이용되었다. 파피루스는 B.C 2,700년 이전부터 사용되었다고 한다. 사람들은 파피루스 위에 갈대펜으로 글을 적어 지식을 전했다고 한다. 신약에는 주님께서 노끈으로 채찍을 만들어 성전에서 양과 소를 내어 쫓으셨을 때 사용하기도 하였다(요2:1).

이런 의미에서 마음의 세계에서 갈대는 삶의 바탕이 되고 선악을 분별하는 기초 지식을 의미한다고 볼 수 있는데 믿음의 첫걸음을 시작하는 지식이라고 볼 수 있다.

고대인은 갈대로 아기 모세를 담았던 상자(출2:3)를 만들었는데, 이는 율법적 규례를 의미한다. 세례요한은 바람에 흔들리는 갈대라는 표현을 했는데, 사람의 판단과 지식은 세상의 욕망의 바람에 언제나 흔들린다는 것을 의미한다.

나는 큰 개울을 지나가게 되었다. 물의 깊이를 알 수 없었다. 물살이 거센 부분을 피해서 얕게 보이는 부분을 걸어가고자 눈을 크게 뜨고 찾아보았다. 간신히 강물을 건넜지만 거친 진흙 길에 발이 빠지는 고생을 하면서 걸어가야만 했다.

그리고 '청각장애인 마을' 에 들어서게 되었다. 사람의 듣는 능력은 순종과 관계가 있다. 사람이 시력이 약하면 듣는 것도 불안하고 듣지 못하면 행위가 불완전하게 된다. 듣는 능력은 보는 것과 하나를 이룰 때 온전해지기 때문이다.

나는 마을 어른과 대화하고 싶었다. 그러자 마침 이 마을에서 지혜롭다고 소문난 한 노인이 나를 보더니 "어디서 오시는 분이십니까?" 하고 말을 건넸다.

나는 그분에게 인사를 하고 '나는 진리를 찾기 위해 마음의 세계를 다니는 중에 청각장애인 마을에 왔습니다. 이곳에 사는 분들의 사정에 대해 알려 주시기를 부탁합니다."

그는 "무엇이 알고 싶으십니까?"

나는 "들리지 않는다는 의미가 무엇입니까?"

그는 "들리지 않는 것은 진리를 순종하지 못하는 상태를 말합니다. 그러나 먼저 진리를 제대로 이해하지 못하기 때문에 순종하지 못하는 것입니다."

나는 "그러면 보는 것이 먼저 되어야 한다는 말씀인가요? 이해가 순종의 시작이라는 말씀같이 들립니다. 그런 말씀인가요?"

그는 "네, 진리에 대해 무지하면 순종하기 어려우니까요."

나는 "그렇군요. 그러면 진리를 깨달으면 진리에 순종해서 살 수 있나요? 그래서 눈 먼 자의 눈이 밝을 것이고 듣지 못하는 자의 귀가 밝게 된다고 했나요?" (사35:5).

그는 "네, 그렇습니다. 그 의미는 진리는 믿음의 고백만으로 되는 것이 아니고 순종과 하나가 되어야 한다는 말입니다."

나는 "그러면 할례 받지 않은 귀는 무엇을 말합니까?" (렘6:10).

그는 "모든 남자는 할례를 받으라는 말씀이 있습니다(창17:11). 할례는 포경수술을 말하는데 표피의 살을 제거하는 것입니다. 그 의미는 자아와 세상적인 사랑을 제거함을 뜻합니다."

나는 "그런데 왜 남자에게만 할례를 말했습니까?"

그는 "하하! 그것이 궁금하시나요? 마음의 세계에서 남자는 진리를 의미합니다. 먼저 누구든지 진리라고 여김에 있어서 세상적이고 이기적인 요소가 제거되어야 함을 의미합니다."

나는 "그렇다면 귀가 할례 받는다는 의미는 자기중심적이고 세상적인 사랑을 제거하고 진리에 순종하는 것을 말하는군요."

그는 "그렇습니다. 진리를 경청하고 순종하는 것입니다."

나는 "결국 할례 받지 않은 귀는 자아와 세상사랑이 너무나 커서 진리에 대해 순종하지 않는 것을 말하는 것이네요."

그는 "그렇습니다."

나는 "성경에는 주인으로부터 떠나기를 원치 않는 종은 문기둥에 대고 송곳으로 그의 귀를 뚫는다고 했어요. 그 의미는 무엇이지요?" (출21:1-6).

그는 "요즘에는 일부러 귀고리를 하지요?"

나는 "네 건강상의 이유도 있고 이미지 차원에서 귀고리를 하는 것 같습니다."

그는 "종이 기쁜 마음으로 주인, 아내, 자녀를 사랑하기 때문에 자유를 찾아서 나가지 않겠다는 의견을 주인에게 말하면 주인은 문기둥에 놓고 송곳으로 귀를 뚫었습니다. 마음의 세계에서 귀를 관통하여 구멍을 내는 것은 소통이고, 진리에 대한 순종을 말합니다."

나는 "만일 자아 사랑과 세상 사랑에 귀를 기울이면 어떻게 됩니까?"

그는 "마귀는 인간에게는 원수이고 주님의 적입니다. 만일 어떤 사람이 악한 원리나 거짓 생각에 귀를 기울인다면 주님과 멀어지게 되는 것입니다. 무서운 일이지요."

나는 "그렇게 되지 않기를 바랍니다."

그는 "사람이 마귀의 속삭임에 귀를 기울이면 그는 점점 천국에서 멀어지게 됩니다."

나는 "악마는 인간을 유혹하기 위해 좋은 말로 꼬드기면서 다가서는 것으로 압니다. 그들의 말은 모두 거짓인가요?"

그는 "진실을 말하는 악마는 하나도 없습니다. 그 이유는 악마는 태초부터 거짓말쟁이고 악마 속에는 진리가 없기 때문입니다."

나는 "아 그렇군요. 내가 살면서 겪었던 고통을 통해서 알게 된 교훈은 어느새 마음에 심겨진 잘못된 신념의 뿌리가 악마에게서 왔다는 것입니다. 나중에 알게 된 사실이지만 내가 영적으로 잠

들어 있었을 때 거짓된 암시들이 나를 즐겁게 해줄 수 있을 거란 착각 속에 빠졌습니다."

그는 "주님께서 비유로 이런 말씀을 하셨습니다. 사람들이 잘 때에 그 원수가 와서 곡식 가운데 가라지를 덧뿌리고 갔더니 싹이 나고 결실할 때에 가라지도 보였다고 하셨습니다." (마13:24-26).

나는 "가라지?"

그는 "마음의 세계는 선과 악이 서로 영향력을 행사하기 위해 싸움을 벌이고 있다는 사실을 알아야 합니다. 주님은 천국의 수확을 위해 좋은 씨를 뿌리시고, 악마는 지옥 삶을 전염시키기 위해 비밀리에 나쁜 씨를 뿌리고 있습니다."

나는 "아! 그런 일이 있군요. 우리가 잘 때 뿌리나요?"

그는 "네, 잔다는 의미는 감각적이고 낮은 삶으로 내려가는 것을 말합니다. 그러나 영적으로 깨어 있는 것은 보다 높은 삶에 있을 때를 말합니다."

나는 "가라지는 무엇인가요?"

그는 "가라지는 강아지풀이 아니고 독보리를 말합니다. 독보리는 독성이 있습니다."

나는 "독보리라고요. 무슨 의미이지요?"

그는 "네, 가라지는 악으로 인도하는 거짓된 원리를 말합니다. 가라지는 거짓된 원리를 삶에서 구체화시킨 사람을 말합니다."

나는 "어떻게요?"

그는 "예컨대, 주의 일을 한다고 내팽개쳐 버린다든지, 다른 사람의 말을 듣고 자식과 남편을 버리고 집을 나간다든지, 특별한 사명을 받았다고 하면서 거만해진다든지, 주님은 특별히 자신의 기도만 들으신다고 고집한다든지, 망상에 젖은 천하고 거짓된 수준으로 상대방을 평가하여 저주하거나, 자기 판단이 가장 옳은 것처럼 여겨 왜곡되고 어그러진 길로 인도한다든지, 문제만 생기면 여기저기 끌어들인 변명거리로 일관한다든지, 언제나 남몰래 은밀한 거래를 좋아한다든지 하는 것들입니다. 그런데 이런 것들 뒤에는 언제나 교만이 왕 노릇합니다. 이것을 다 말하려면 한도 끝도 없습니다. 그리고 이런 가라지와 같은 자들에게 당해본 자만이 이런 악들이 얼마나 난폭하다는 것을 알게 됩니다."

나는 "만일 누군가가 가라지가 되면 훗날 어떻게 되나요?"

그는 "가라지는 악령에게 사로 잡혀서 거짓에 뿌리를 내리고 사는 자를 말합니다. 이런 자들은 결국 천사들이 단으로 묶어서 지옥 불에 던져 넣는다고 하셨습니다."

나는 "지옥불이요?"

그는 "마음의 세계에서 지옥불이 있는 것으로 가보셨나요? 그곳은 한번 들어가면 빠져나오기 어렵습니다. 그곳은 악한 욕망이 불타오르는 곳입니다. 결국 가라지는 악한 욕망에 빠져서 가슴을 치며 통곡한다고 했습니다."

나는 "가슴을 치며 통곡한다고요?"

그는 "네, 가슴을 치며 통곡하는 것은 자신의 욕망으로 인한 기대가 현실과 다르게 되었다는 것을 말합니다. 기대와 현실이 괴리가 생긴 것이지요."

나는 "그러면 의로운 자는 어떻게 되나요?"

그는 "하하! 궁금하시나요? 의인들은 자신을 스스로 낮추는 자들입니다. 그들은 자신이 한 것이라고 누군가 말한다면 무척 힘들어 합니다. 왜냐하면 주님이 하셨다는 것을 믿기 때문이지요. 그들은 아버지의 나라에서 해와 같이 빛날 것이라고 하셨어요. 그 의미는 그들은 사랑과 지혜가 넘칠 것이라고 하였기 때문입니다. 그 의미는 그들의 인격이 사랑과 지혜로 빛날 것이고 주님의 선함과 지혜를 찬양하게 될 것입니다."

나는 "아! 그러면 가시나무와 가라지는 다른 의미인가요?"

그는 "다릅니다. 씨 뿌리는 비유에서 말하는 가시나무는 거듭나지 않는 마음을 말하지만 가라지는 악령에 의해 마음속에 비밀리에 심어진 거짓 암시를 말합니다."

나는 "아! 무섭습니다. 마치 악의 사주를 받는 비밀경찰 같은 것이네요."

그는 "주님께서 진리를 뿌리시는 동안 악마는 거짓을 뿌립니다. 인간이 잠드는 동안 악마는 씨를 뿌리고 있습니다. 우리가 영적인 것을 멀리하면 이런 일이 발생합니다."

나는 "악마가 그렇게 하나요?"

그는 "그렇습니다. 그렇지만 언젠가 가라지는 자기 본색을 드러냅니다. 그래서 열매로 알리라고 하셨던 것입니다."

나는 "그래서 주님께서 들을 귀 있는 자는 들으라고 말하셨나요?"

그는 "주님께서 그렇게 말씀하신 이유는 인간이 스스로 귀를 열어야 한다는 말씀입니다. 듣는다는 것은 진리를 인정하고 사랑할 때 진정으로 듣는 것입니다. 그리고 진리를 실천할 때 진리가 비로소 지혜가 됩니다."

청각 장애 마을의 지혜로운 자와 헤어지고

마귀 들린 자를 만나다

나는 어느 숲속에 들어섰다. 숲속의 길은 자갈이 있는 황토색이었으며 어지럽게 나무 가지들이 엉켜 있었고 가시나무와 엉경퀴와 같은 것들이 많았다. 숲속 길은 미로와 같았다. 나는 높은 절벽사이에 작은 빈틈을 지나자 '마귀 들린 자의 마을'의 입구에 도달했다.

나는 이곳에 도착했지만 이 마을로 들어가기가 선뜻 내키지는 않았다. 코를 찌르는 퀘퀘한 냄새와 음산한 기운을 느꼈기 때문이다. 나는 역겨운 냄새에 그만 구토를 하였다. 나는 마을을 들어가지 못하고 입구에서 한참을 머뭇거리고 있었다. 두 사람이 길을 지나가는 중에 나를 보고는 "어디로 가십니까?" 하고 물었다.

그들은 나를 보더니 기분 좋은 말로써 자신을 소개하였다. 자신들은 이 마을에서 오랫동안 마귀에게 붙잡혀 고생을 하다가 간신히 빠져나와 집으로 가려는 참이라고 말했다. 두 사람 중 한분이 내게 말을 건넸다.

그는 "이곳 마을은 악령 들린 자들이 사는 마을인데, 여기서 무엇을 하는 중인가요?"

나는 "나는 진리를 찾으러 길가는 나그네입니다. 그러던 중에 여기까지 왔습니다. 내게 좋은 가르침을 부탁드립니다."

나는 주변을 천천히 살펴보았다. 이곳 사람은 주로 동굴에 사는 것을 좋아했다. 어떤 동굴은 짐승의 굴같이 보이고, 어떤 곳은 광산의 통로 같이 보였다. 어떤 곳은 큰 화재 이후 생긴 돌무더기 같았다. 금방이라도 무너질 것 같은 오두막집에서 싸우는 소리가 들렸다.

나는 "이곳은 지하 동굴이 많이 보이는군요."

그는 "이곳은 깊은 동굴이 많습니다. 자칫 발을 잘못 디디면 깊이 빠지고 맙니다. 어두운 동굴에 들어가면 많은 문들이 있는데 그곳에서 사람이 살고 있습니다."

나는 "동굴 입구에 역겨운 냄새가 나네요."

그는 "아마도 당신이 맡으면 구역질이 날 것입니다. 그 냄새는 동굴에서 휩쓸려서 밖으로 뿜어져 나옵니다."

나는 "나는 그 냄새 때문에 구토를 했습니다."

그는 "이곳 사람들은 그 냄새를 아주 좋아합니다. 마음의 세계에서는 냄새에 아주 민감합니다. 냄새는 선악의 품질에 따라 풍기기 때문입니다. 악한 자들은 악취가 나고 선한 자는 향기가 납니다."

대화하고 있는 사이에 저쪽 편에서 획하고 빠른 속도로 지나가는 여러 명의 모습이 보였다. 그의 얼굴을 보는 순간 섬뜩한 느낌을 받았다. 어떤 이는 얼굴이 부풀어 있었고 어떤 이는 종기가 가득했는데 터져서 진물이 나 있었다. 또 어떤 자는 털만 무성해 보였고 뼈만 앙상하였고 어떤 자는 이빨만 눈에 띄었다. 나는 그들이 지나가면서 자기들과 대화하면서 웃고 있는 장면을 보았는데, 아마 자기들끼리는 정상적인 인간으로 보는 듯 했다. 옆에 있는 사람이 내게 가르쳐 주었다. "저들의 외모는 모두 자아 사랑과 세상 사랑이 구체화된 형체입니다. 자아 사랑과 세상사랑은 지옥을 만드는 재료와 같습니다."

그리고 그는 더 참가해서 말을 했다.

"이웃 마을 사람들은 이곳을 무덤이라고 부릅니다. 이곳에 사는 자들은 모두 자기의 욕심을 위하여 뭔가를 하고자 하는 의욕이 가득 차 있습니다. 이들은 대단히 난폭하고 흉악스럽습니다."

나는 "아! 이곳을 무덤이라고 부르는군요. 그러면 사람들이 무덤 사이에 산다는 말인가요?"

그는 "네, 무덤 모양으로 집을 짓기도 하고 동굴처럼 지하 땅굴에서 살기도 합니다."

나는 "마음의 세계에서 무덤은 무엇을 의미하지요?"

그는 "무덤 사이에 산다는 의미는 더러운 욕심의 영들이 거주한다는 의미입니다. 그러니까 악이 존재하는 무덤입니다."

나는 "아 무섭군요."

그는 "네. 이곳 사람들은 겉으로 보면 약하고 부드러워 보이지만 갑자기 한순간에 돌변해서 사나워지고 흉악스런 짓을 꾸미기를 좋아합니다."

나는 "이들은 주로 어떤 사람들로 구성되어 있나요?"

그는 "이곳 마을은 종교인, 정치인, 상인, 교수, 지식인이 모든 조직을 끌고 갑니다. 이들은 상대방에게 공포와 두려움을 주면서 서로가 서로를 견제하며 다스려 나갑니다. 그리고 평소에는 은밀하게 숨어 있습니다. 그렇지만 자기 정체가 드러나면 갑작스럽게 흉악해져서 폭동을 일으킵니다. 이는 귀신들린 자의 특징입니다. 마치 동물의 왕국과 같습니다."

나는 "성경에 거라사 지방의 무덤 사이에 살던 사람이 아무도 지나가지 못하도록 덤벼드는 그런 모습인가요?"

그는 "네 그렇습니다. 성경에 마귀 들린 자가 무덤 사이에 거주하면서 지나가는 사람에게 무섭게 달려드는 것은 미움으로 대항한다는 뜻입니다. 이곳은 미움이 왕 노릇하는 곳입니다."

나는 "미움이 왕 노릇한다고요? 그러면 이 마을에는 미움이 크면 클수록 높은 자리에 올라서겠군요."

그는 "네, 그렇습니다. 이곳 마을에는 거짓된 자에게 이끌리어 타락해서 들어온 어리석은 자와 거짓된 신념과 생각에 막힌 자들이 많습니다."

나는 "이곳에서도 사랑을 하나요?"

그는 "하하! 이곳에서도 사랑을 하기는 합니다. 그러나 거짓된 사랑이라고 할 수 있습니다. 그것은 무질서의 사랑이니까요. 이곳에 사는 자의 사랑은 자아 중심적이기 때문에 마음이 끌릴 때만 사랑을 합니다. 그러나 시간이 지날수록 그런 감정도 사라집니다. 이들의 본성은 미움입니다. 이들은 상대방을 사랑하는 것처럼 말을 하지만 알고 보면 결국 자기만 사랑하고 있는 것입니다. 다른 사람과 협동하는 것은 자기 이익이 있을 때뿐입니다."

나는 "아! 이곳에 사는 사람은 무슨 재미로 살아가나요?"

그는 "이곳 사람들은 남을 지배하는 재미에 빠져 있습니다. 정치인은 사람을 지배하고, 종교인은 타인의 마음을 지배하고, 남자는 돈을 지배하고 여자는 돈 많은 남자를 유혹하려고 혈안이 되어 있습니다. 이곳 사람들은 자기만족에서 비롯된 지배욕으로 날뛰고 있습니다."

나는 "그러면 이곳에서는 힘 있는 자가 높임을 받겠군요."

그는 "네, 이곳 사람들은 수단과 방법을 가리지 않고 상대방을 끌어내리려고 기회를 엿보고 있습니다. 지배자들은 자신들이 신처럼 숭배를 받겠다고 들떠 있습니다. 이곳 주민들은 힘 있는 자를 영웅 혹은 신으로 예배하는 습성이 있습니다."

나는 "마치 지옥과 같겠네요."

그는 "이들은 악행을 위해서는 서로 협력하지만 장물을 나눌 때 서로 죽이는 모습을 보면 여우와 표범, 늑대와 범, 악어와 뱀과 같습니다."

나는 "오늘날 과학 문명이 발달된 시대의 마귀 들린 자와 문명화

되지 못한 시절의 마귀 들린 자는 다른가요?'

그는 "현대문명이 발달하더라도 마귀의 활동은 예전보다 덜하지 않습니다. 한 가지 말씀드릴 수 있는 것은 악한 인간은 모두 악마가 소유하고 있다는 것입니다. 정말로 그렇습니다."

나는 "악령은 육체를 점령하나요?'

그는 "네 그렇습니다. 마귀 들린다는 것은 악령이 육체를 점유해서 사용하는 것입니다. 본래 영들은 인간뿐 아니라 하급의 창조물까지도 점유할 수 있는 능력을 가지고 있습니다."

나는 "그렇다면 악령은 도대체 어떤 마음속에 살고 있습니까?'

그는 "악령은 악한 열정 속에 거주합니다. 여우도 굴이 있고 공중의 나는 새가 깃들일 곳이 있다고 하지 않습니까? 그곳이 바로 사악한 영들이 거주하는 집입니다. 타락되고 더러운 욕망은 불결한 영들이 거주하는 무덤이라고 볼 수 있습니다."

나는 "악한 열정이요? 그렇군요. 거라사 지방에 살던 사람에게 있던 귀신이 돼지 떼에 들어가서 몰사했는데 돼지는 악한 열정에 해당되나요?'

그는 "악령이 돼지 떼에 들어가서 힘으로 돼지를 이용했는데, 마음의 세계에서 돼지는 악한 열정을 의미합니다."

나는 "그러면 결국 인간의 마음속에 악한 열정을 가진다면 악령에게 거주지를 내주는 꼴이 되겠네요?"

그는 "돼지 떼는 악한 열정이 떼를 지어 하나의 원리를 형성한 것입니다. 이런 자들에게는 양심과 지각의 마비가 옵니다. 악령이 들어가면 먼저 이런 요소를 짓밟아 버립니다. 악령은 돼지 떼에 들어가게 해달라고 주님께 말했습니다. 그때 주님은 가라! 말씀하셨지요."

나는 "네, 주님께서 허락하셨군요."

그분은 "주님은 악령이 인간의 악한 열정 속에 들어가도록 허용하시기도 하는데, 그 이유는 모든 인간은 천사뿐만 아니라 지옥의 악령과 교통 없이는 살 수 없도록 만들어져 있기 때문입니다. 악령이 인간의 감각적 열정을 붙잡은 것입니다."

나는 "그러면 악령이 들어 있는 지를 어떻게 분별하지요?"

그는 "악령은 인간의 악을 홍분시키기 때문에 그 정체가 곧 드러나게 되어 있습니다. 그래서 인간은 자기 마음속에 있는 악을 알아차리는 것입니다. 현명한 자는 자기 마음의 악을 파악하면 오히려 그것을 제거하기 위해 노력합니다."

나는 "당신들은 그 악을 알고 탈출하게 된 것이군요?"

그는 "우리는 악의 위험과 횡포를 알고는 벗어나고자 노력을 했습니다. 우리는 진리를 가르쳐주는 분이 있어서 진리를 깨닫게 되었고 무진 고생을 하다가 주님의 도움으로 풀려 난 것입니다."

나는 "아! 그렇군요. 주님의 섭리가 놀랍습니다."

그분은 "악령이 마음에 들어가서 악을 흥분시키는 것이 허용되므로 사람들이 알아차리고 악을 제거하는 기회가 된다는 것을 생각해 보면 주님의 지혜와 선하심을 느낄 수 있습니다."

나는 "그러면 악이라는 종기가 부어올라 곪은 것이 되겠군요."

그는 "그렇습니다. 농이 생기면 없애 버려야 합니다."

나는 '그런데 자신이 악한 짓을 하였으면서도 회개나 반성하지 않으면 어떻게 되나요?"

그는 "그러면 거듭날 수 없습니다. 거듭나지 못한 자연인은 악령의 노예가 되고 맙니다."

나는 "아! 악을 제거하도록 노력해야 되겠군요."

그는 "네, 주님께서 사람을 구원하시는 질서는 악의 제거부터 시작합니다. 악령의 고집은 대단합니다. 악령은 한번 욕망에 달라붙으면 쉽게 포기하지 않습니다."

나는 "마귀 들리면 어떤 현상이 생기나요?"

그는 "마귀 들리면 어둠의 권세가 극에 달합니다. 그 결과 악령들은 사람의 정신뿐만 아니라 육체까지도 좌지우지합니다. 악령은 영혼과 육체를 소유해 버립니다."

나는 "어떤 아버지가 아들을 데려와서는 아들이 간질병으로 몹시 시달리고 있으며 가끔 불속에 뛰어들기도 하고 물속에 빠지기도 한다고 말하면서 주님께 자비를 베풀어 달라고 간청했습니다. 간질병은 무엇이지요?"

그는 "간질병은 정신적인 것이 원인이며 악령이 악을 통해 작동되어 야기된 증상을 말합니다. 마음의 세계에서는 영적 간질병을 말합니다."

나는 "악령이 어떻게 작동했나요?"

그는 "악령이 마음을 어지럽힌 것입니다. 그래서 이성이 마음의 권좌에서 쫓겨나게 되고 의지가 자발적이지 못하고 비자발적 자질로 변해버린 것입니다."

나는 "어떻게요?"

그는 "합리성이 없는 자유는 진정한 자유라고 볼 수 없습니다. 그 아이는 통제하기 어려운 상태가 되어 버렸습니다."

나는 "불속에 뛰어들기도 하고 물속에 빠지기도 하는 것은 무엇을 말하나요?"

그는 "악령에 소유당한 이들은 자기가 저지른 행동에 책임질 수 없습니다. 악령에게 마음의 내적 측면을 소유 당했기 때문입니다. 그래서 악령이 좋아하는 대로 악의 불 속과 거짓의 물속에 빠지게 됩니다."

나는 "주님은 어떻게 아이를 낫게 하셨나요?"

그는 "주님은 마귀에게 호령하셨습니다. 그러자 마귀는 나가고 아이는 곧 나았다고 했습니다."

나는 "주님의 호령에는 권능이 있군요."

그는 "주위가 조용해지자 제자들이 악령을 제어하는 주님을 보고 왜 저희는 마귀를 쫓아내지 못하였습니까 하고 살며시 물었습니다."

나는 "그래서요?"

그는 "너희에게 믿음이 없는 탓이다. 이런 종류의 마귀는 기도나 금식을 하지 않고서는 쫓아낼 수 없다고 하셨습니다."

나는 "마음의 세계에서 기도와 금식은 무엇을 말하나요?"

그는 "기도는 하나님과 호흡하는 것이고 금식은 세상으로부터 돌아서는 것입니다. 이 두 가지가 병합하면 악마도 추방되고야 맙니다."

나는 "그러면 아이를 점령한 악마는 무엇인가요?"

그는 "아이는 순진무구를 뜻합니다. 순진무구를 점유한 악마는 지독한 악을 말합니다. 너무나 통탄스러운 악을 의미합니다."

나는 "그렇다면 마음 안에 있는 악을 어떻게 쫓아내야 할까요?"

그는 "마음속의 악을 쫓아내기 위해서는 먼저 진리를 영접해야 합니다. 그리고 진리에 순종해야 합니다. 진리를 입술로 고백하고 행동으로 실천해야 합니다. 우리의 생각과 애정의 협력이 없다면 그분의 어떤 말씀이라도 우리를 구원해 주실 수 없습니다. 우리가 먼저 진리의 종이 될 때 주님은 우리 마음에서 악령을 몰아내십니다."

나는 "악령을 붙잡지 말아야 하겠군요?"

그는 "당연합니다. 어둠의 악령은 우리 마음 속의 악과 성질이 같아서 서로 합세합니다. 따라서 악이 떠나가도록 하지 않으면 그들은 결코 떠나지 않습니다. 그것들이 떠나면 본래 자기들 숙소로 돌아갑니다."

나는 "주님께서 죽은 자는 죽은 자가 장사 지내도록 하라는 말씀이 그런 의미인가요?"

그는 "네 악령은 어둠의 영역에 되돌아가도록 내버려두라는 것입니다. 붙잡지 말라는 것입니다. 주님은 이것이 제자의 도리임을 가르치셨습니다."

나는 이렇게 노래를 불렀다.

"네가 거짓에 온몸이 퉁퉁 불어 진실이라고는 찾아볼 수 없다면 네 안에 이미 진리가 말라 버려 악령에 사로잡혀 있는 것이다. 너는 제자리를 뱅뱅 돌고 있는 벌레처럼 거짓된 행위를 하기 위해 눈치를 보면서 위선을 하고 있다.

혹시 네가 상처받았다고 주장하고 이유를 들이대며 변명을 한다면 너는 지금 쓸데없는 짓거리를 하고 있다. 네가 말하는 변명은 이미 너의 까칠한 쥐엄 열매 같은 거짓임이 드러났다.

너는 오늘 문제를 풀어도 내일 그대로 일거다. 네가 풀었다는 것은 너의 이기적인 욕심에 근거하기 때문이다. 오늘도 너의 행위가 반복되고 있는 것을 경험하고 있지 않은가? 인생은 문제를 푸는 것이 아니라 현실 속에서 악을 제거하는 것이라는 것을 알지 못하는가?'

마귀로부터 벗어난 자와 헤어지고

유출 병자를 만나다

나는 길가의 자귀나무를 보았다. 성경에 자귀나무는 합환채로 부르기도 한다. 이 나무는 뿌리가 사람의 모양을 띠고 있어서 고대 아랍인들은 부부사랑의 나무로 여기고 '사단의 사과' 혹은 '사랑의 묘약' 으로 불렀다.

성경에는 야곱의 아들 르우벤은 이 약초를 캐서 레아에게 주었는데(창30:14), 저녁에 들에서 돌아오는 야곱에게 레아는 이렇게 외쳤다. "내 아들의 합환채로 당신을 빌렸습니다."

자귀나무는 연합하는 나무인 것을 알아서 나는 자귀나무를 가지고 이렇게 읊조렸다. "나는 천국의 진리와 하나를 이루어 결합하고자 합니다. 하나님의 아들과 아버지가 하나이듯이 자귀나무는 내안의 진리를 이루는 상징입니다. 나는 자귀나무를 붙들고 흔들며 외칩니다. 천국의 진리여, 당신을 빌렸습니다. 나는 자귀나무를 흔들며 주님께 품꾼의 하나로 써달라고 외칩니다. 어린아이의 느낌으로 자귀나무를 붙들고 보석보다 귀중한 가치를 찾고자 합니다."

나는 길을 걷다가 '유출 병 마을' 이라고 적힌 푯말을 보았다. 이곳에 도착하니 사람들이 모두 두꺼운 옷을 입고 있었다.

나는 지나가던 사람에게 물어 보았다. "이곳 마을에는 왜 옷을 두껍게 입고 있나요?"

그러자 길을 지나는 사람은 "냄새가 몸 밖으로 나가지 못하도록 하기 위해서입니다."

나는 그에게 "나는 마음의 세계에 진리를 찾아 여행 중에 이곳 마을에 도착하였습니다. 유출 병에 대해 말씀해 주시기 바랍니다."

그는 "무엇이 알고 싶은가요?"

나는 "마음의 세계에서 유출 병이 무엇을 의미하나요?"

그는 "유출 병은 피가 쏟아지는 병입니다. 피는 생명의 유동체입니다. 피를 수단으로 몸은 꾸준히 갱생됩니다. 마음의 세계에서 피는 사랑에서 생산되는 진리를 의미합니다. 그런데 피에 불순물이 들어 있거나 생명의 흐름이 쏟아진다면 진리의 생명인 사랑이 결핍된 상태입니다."

나는 "성경에는 유출 병은 부정하다고 했습니다. 왜 그렇죠?" (레 15:3).

그는 "유출의 근원지가 악이기 때문입니다. 피가 쏟아지는 것은 거짓된 사상이 흐르는 것을 말합니다."

나는 "어떤 근원이요?"

그는 "네, 악의 근원지입니다. 세상을 사랑하고 이기적인 욕심을 가지면 악의 불순과 함께 거짓이 있게 되는 것을 말합니다."

나는 "인간이 왜 그렇게 되지요?"

그는 "본래 인간의 출발이 어두움이었기 때문입니다."

나는 "그래요?"

그는 "본래 인간은 공허하고 혼돈한 상태에서 출발했습니다. 인간은 거듭나지 않은 흑암의 상태에서 시작되었습니다. 어리석음과 탐욕이 머물러 있는 상태를 말합니다."

나는 "그렇다면 인간은 언제든 악으로 되돌아갈 가능성이 있네요?"

그는 "그렇습니다. 인간에게는 악의 경향성이 있으므로 이기적인 상태에 머무르게 되면 악마에게 활동 무대를 제공하는 셈이 됩니다."

나는 "그렇다면 그것은 하나의 재난 수준이네요?"

그는 "네, 인간 본성이 이끄는 대로 따라가면 악마의 노예가 되고 마는 것입니다. 이유는 인간에게는 진리를 모독하려는 고유 속성을 지니고 있기 때문입니다."

나는 "그러면 유출은 악에서 쏟아지는 거짓된 생각을 말하는 건가요?"

그는 "그렇습니다. 인간이 갖고 있는 이해가 거짓으로 물들어 버린 상태를 의미합니다."

나는 "그러면 마음의 세계에서 피는 무엇을 의미하나요?"

그는 "피는 진리를 의미합니다. 진리를 실천함으로 오는 열매는 선입니다. 선은 사람 안에 있는 내적 생명입니다. 이 생명은 그 사람 안에 있는 것이 아니라 그 사람과 더불어 있습니다. 그 이유는 선은 주님의 것이기 때문입니다."

나는 "아!그렇군요. 그러면 어린양의 피는 무엇을 의미하나요?"

그는 "어린 양의 피는 신성한 진리입니다. 주님께서 사람의 육신을 입고 행하는 거룩한 진리를 말합니다." (계12:11).

나는 "그러면 피를 소중하게 여겨야 되겠군요?"

그는 "그렇습니다. 그래서 성경에는 피 흘리지 말라고 했습니다. 왜냐하면 거룩을 훼손하는 것을 의미하기 때문입니다" (창37:22).

나는 "결국 유출병은 진리의 훼손이고 선의 소멸을 의미하는군요."

그는 "그렇습니다. 그래서 유출병자의 침상도 더럽고 접촉한 사람도 더럽고 앉은 자리도 더럽다고 했습니다." (레15:4).

나는 "무엇을 의미하지요?"

그는 "침상은 보통 잠을 자거나 편하게 쉬는 곳입니다. 마음의 세계에서 침상은 영혼이 쉬는 안식처입니다. 그러므로 침상은 진리의 교리를 의미합니다. 유출 병자의 침상이 더럽다고 하는 것은 그의 생각에서 나온 교리가 불순함을 의미합니다. 그리고 그가 앉았던 곳도 불순하다는 말은 그의 애착이 불순함을 뜻합니다."

나는 "그러면 어떻게 해서 치료하지요?"

그는 "그의 침상에 접촉하는 자는 그의 옷을 빨고 물로 몸을 씻으라고 하였습니다. 옷을 빨아 입고 물로 목욕을 한다는 의미는 진리로써 의도와 행실이 깨끗해져야 한다는 말입니다. 다시 말하면 진리를 실천함으로 깨끗해집니다. 저녁까지 불결하다고 했는데 그 말은 새로운 변화의 상태가 올 때까지 불순하다는 것을 말합니다."(레15:5).

나는 "12년 동안 유출 병으로 고통 받는 여인이 주님의 옷자락을 만졌을 때 병이 나은 것은 무엇을 의미하나요?"(마9:20-22).

그는 "여인이 고생한 12년은 거짓 상태가 오랫동안 계속되어 왔음을 표현하고 있습니다. 여인은 교회를 의미하고 유출은 거짓이 흐르는 것을 말합니다. 피가 멈춘다는 것은 거짓 사상이 억제되었다는 것을 의미합니다."

나는 "이 여인에게 오랫동안 거짓이 있었는데, 어떻게 믿음을 가질 수 있었나요?"

그는 "악은 죄를 흥분시키기 때문에 언젠가 드러나게 되어 있습니다. 악이 드러나면 조금이라도 양심이 있는 사람은 그것을 떨어내 버리고자 애를 쓰게 됩니다. 그러나 그렇지 못한 사람들도 있어요. 하지만 악을 제거하고자 하는 사람은 주님께 기도하면서 부르짖습니다. 인간의 힘으로는 질병을 제거할 수 없지만 주님은 그것을 치료해 줄 수 있습니다. 주님 안에서 믿는 자는 가능합니다."

나는 "성경에는 그 여인이 주님의 등 뒤로 가서 옷자락에 손을 대므로 치료되었습니다. 주님의 옷자락을 만지는 것은 무엇을 뜻하지요?"

그는 "주님이 입으신 옷은 말씀의 문자적 의미를 말합니다. 심오한 진리 자체가 되신 그분은 문자의 옷을 입고 계십니다. 그러므로 옷자락은 진리의 가장 말단 수준을 의미합니다. 그러니까 가장 낮은 진리를 붙잡는 사람도 그의 믿음이 신실하다면 거짓에서 벗어날 수 있다는 말입니다."

나는 "이 여인이 주님의 등 뒤로 다가온 것은 무엇이죠?"

그는 "등은 외적인 면을 의미합니다. 이 여인이 주님의 뒤쪽에 다가간 것은 자신이 얼마나 무가치한 존재인가를 깊이 통감한 것입니다. 이 여인은 겸손한 여인입니다. 주님께 겸손하게 나아가 가장 낮은 수준의 가르침이라도 견고하게 붙들고 있는 것입니다. 그리고 말씀에 통회하는 느낌을 표현한 것입니다."

나는 "주님은 그녀 쪽으로 돌아섰다고 했습니다. 무슨 의미이지요?"

그는 "이는 여인의 입장에서는 외적인 가르침을 내적으로도 받았다는 것을 뜻합니다."

나는 주님의 진리의 고귀하고 위대함을 다시금 깨닫게 되었다. 그리고 한 가지 더 알게 된 사실은 모든 진리는 모두 주님의 것이라는 사실이다. 그리고 그 진리가 나와 더불어 있다는 사실이 놀랍기만 하다. 주님은 내가 곧 진리라고 하셨다. 그러므로 진리의 거룩을 훼손하거나 쏟아 버린다면 신성모독의 죄를 범하는 것이다. 진리를 소중하게 여기고 진리를 실천하고자 하며 주님의 옷자락을 잡은 여인처럼 간절한 마음으로 주님을 사랑한다면 진리가 머물게 될 것이다.

그런 간절함이야말로 내 삶에 오염된 사상을 깨끗하게 만드는 원동력이 될 것이다. 순수 진리와 순수 선이 내게 있기를 여인의 간절함에서 배운다. 메마르고 거친 세상에서 생명을 얻는 길은 순진무구함이 내게서 떠나지 않고 머물도록 하는 것뿐이다. 그것만이 오늘 나의 희망이다.

"오! 주여 저에게 진리를 가장 가치 있게 여기도록 순진무구한 마음을 주옵소서."

유출병 마을의 지나가는 자와 헤어지고

탐욕스러운 자를 만나다

주변을 살펴보니 겨자나무 수풀이 있었다. 겨자나무는 3-4미터 정도의 높이로 자란다. 성경에 겨자나무는 씨가 아주 작지만 다 자라면 새들이 앉을 정도의 큰 나무가 된다고 하였다(마13:31-32). 주님께서는 겨자씨를 믿음과 대비시켜 말씀하셨는데, 겨자씨가 작고 보잘 것 없지만 그 믿음은 천국의 시작이라고 말씀하셨다. 사실 우리들의 믿음이 자기중심적인 수준이었지만 진리가 주님의 것이라는 깨달음과 더불어 날마다 성장에 성장을 거듭하여 큰 나무로 서는 날이 반드시 오는 것이다.

나는 '탐욕자의 마을'에 도달했다. 이곳은 이름 그대로 욕심이 가득한 자들이 살고 있는 마을이다. 나는 낮은 중턱에 조그만 텐

트를 치고 고달픈 인생들에게 상담을 해주면서 살아가는 한 노인을 만났다. 그는 지혜로운 자로써 이곳에 사는 이들에게 천국으로 가는 길을 안내하는 분이었다. 나는 그 노인에게 말을 걸었다.

나는 "나는 마음의 세계에서 진리를 찾아다니는 나그네입니다. 나는 여러 마을을 거쳐 이곳까지 오게 되었습니다. 당신의 귀한 말씀을 부탁드립니다."

그는 "무엇이 알고 싶으신가요?"

나는 "이곳은 탐욕자의 마을로 알고 있는데요. 이곳 사람들의 삶에 대해 알고 싶습니다. 이곳에 사는 사람들은 누구를 숭배합니까?

그는 "이곳 사람들은 가룟 유다를 최고로 여기고 숭배합니다."

나는 "예수의 12제자 중에 하나로 스승을 은 삼십 냥에 팔아먹은 유다 말인가요?"

그는 "네 그렇습니다. 바로 그 사람이 탐욕 마을 사람에게 숭배 대상입니다. 이곳 사람들은 집집마다 안방에 유다의 사진을 걸어놓고는 아침과 저녁에 문안 인사를 드린답니다."

나는 "의외이네요. 어째서 유다가 탐욕자의 스승이 된다는 말이지요?"

그는 "제가 설명해 드리지요. 그는 예수를 따라 다니던 제자였습니다. 그가 어느 날 예수를 잡으려는 자들에게 찾아가서 내가 당신들에게 예수를 넘겨주면 그 값으로 얼마를 주겠소? 하고 흥정했습니다. 자신의 탐욕을 위해서 스승까지도 팔아 치우는 자이므로 최고의 탐욕자가 아니겠어요?" (마26:15).

나는 "아! 그렇군요."

그는 "오로지 그는 탐욕을 위해서 스승을 팔았습니다."

나는 "어떤 이들은 돈의 욕심이 나서 판 것이 아니고 예수를 이용해서 로마로부터 벗어나고자 독립 운동했는데 그것이 안 될 것을 알고는 낙심해서 한 짓이라고 하던데요?"

그는 "하하! 독립운동이요? 그것은 지어낸 소설 같은 이야기입니다. 아직도 가룟 유다의 후손들이 많이 있나 봅니다. 그가 예수를 잡으려는 사람에게 찾아가서 뭐라고 한 지 아십니까? 값으로 얼마를 주겠소? 라고 했습니다. 그 질문의 목적이 무엇이겠습니까?"

나는 "그 말은 돈을 많이 받아 내려고 흥정하려는 것 같은데요?"

그는 "그렇습니다. 유다는 목적은 돈이었습니다. 그는 돈에 대한 탐욕과 이기심을 위해서 스승을 희생물로 삼았습니다. 그는 주님을 철저하게 배반한 것도 모자라 돈을 얻고자 흥정까지 했습니다."

나는 "은 삼십 냥을 얻고자 그런 짓을 하다니 납득이 되지 않습니다. 마음의 세계에서는 그것이 어느 정도 가치가 됩니까?"

그는 "마음의 세계에서 삼십이라는 숫자는 아주 적은 가치를 의미합니다. 씨 뿌리는 사람의 비유에서 옥토에 뿌려진 씨의 결실이 삼십 배가 된 것도 있었고, 육십 배가 된 것도 있고, 백배가 된 것도 있는 것을 아시지요? 세 가지 수확 중 삼십 배는 가장 적은 생산량에 대한 측정치입니다."

나는 "당시 유대교 사제들은 주님을 그 정도 가치로 보았나요?"

그는 "결국 그렇게 된 셈이지요. 그들이 쳐준 값은 그 사람들이 생각한 것을 표현한 것입니다. 그 값은 주님과 그분의 구속에 대해 내려진 일반적인 평가 가치가 된 셈이지요."

나는 "아! 그 말을 듣고 보니 그렇군요. 그럼 주님의 가치는 얼마나 될까요?"

나의 이 말에 그는 어이가 없다는 듯이 허탈하게 웃고는 "각자가 생각해 볼 일입니다."

나는 그 말을 듣고 온 몸이 오싹해 졌다. 주님의 가치를 물어본 말에 대해 신성모독이 될까봐 두려웠다. 내가 질문한 자체가 주님을 모독한 것처럼 느껴졌다. 그래서 더 이상 그 값에 대해서는 입을 다물었다. 나는 주님께 말할 수 없는 은혜의 빚을 지고 있으며 세상적인 모든 것을 다 팔아 갚아야할 책무를 지고 있다. 찬송가 가사에는 하늘을 두루마리 삼고 바다를 먹물로 삼아도 주님의 사랑을 다 기록할 수 없다고 하였다. 내가 빚을 갚는 방법은 오직 하늘의 것을 순수한 마음으로 받아들여서 이웃에게 하늘의 신령한 것 자체를 되돌려 주는 것이다. 그것은 매순간마다 주님의 자비와 용서를 실천함이다.

나는 다시 정신을 차리고 물어 보았다.

"유다가 주님을 팔려고 할 때의 마음 상태가 어떠했을까요?"

그는 "유다는 예수를 넘겨 줄 기회만 엿보고 있었다고 했어요. 그것이 그의 마음 상태입니다. 그 때부터는 진리를 악마의 수중에 넘겨줄 기회를 찾는 때입니다. 그의 마음은 이미 탐욕과 이기심이 극에 달한 상태입니다. 그리고 그는 자기가 죽는 길로 갔습니다."

나는 "진리를 넘겨줄 기회를 찾는다? 참으로 어처구니없는 짓거리를 하는군요. 진리가 없으면 결국 탕자처럼 기근에 시달려야 하는데 말입니다. 그런데 아이러니하게도 탐욕을 갖고 있네요. 결국 스승을 판 유다의 목적은 허랑방탕한 세속에 대한 탐욕이라는 말이 되겠네요."

그는 "그렇습니다. 탐욕과 진리는 서로 상극이며 결합할 수 없습니다."

나는 "그러면 마음의 세계에서 개인적으로 탐욕이 있다면 어떻게 될까요?"

그는 "아무리 하나님에 대해 관심이 없는 사람이라고 할지라도 어려운 처지의 사람을 보면 측은해 하는 동정심이 있고 겸손 같은 덕목도 있습니다. 그러나 탐욕이 올라올 때는 그 힘을 제어하기 어렵습니다. 그러나 탐욕이 잠들어 있을 경우에는 좋은 덕목이 활동할 수 있습니다."

나는 "그렇군요. 그러니 어쩌면 좋습니까? 주님께서 탐욕자에 대해 뭐라고 말씀하셨나요?"

내가 안타깝게 물어보자 그는 성경구절을 암송하면서 큰 소리로 말했다. "율법학자들과 바리새파 사람들아, 너희 같은 위선자들은 화를 입을 것이다. 너희는 잔과 접시의 겉은 깨끗이 닦아 놓지만 그 속에는 착취와 탐욕이 가득 차 있다"(마23:25).

나는 "그 말의 의미는 무엇인가요?"

그는 "잔과 접시의 안과 밖이란 동기와 행동입니다. 예를 들어, 탐욕스러운 사람은 밖으로는 조심스럽게 행동하지만 안은 탐욕의 동기로 행동한다는 뜻입니다. 마음의 세계에서 겉과 속이 다른 것은 의도와 행동이 다른 상태이고 매우 가증스럽다고 여깁니다."

나는 "아! 나도 그렇게 될까봐 두렵습니다. 마음이 답답해집니다. 그러면 어떻게 해야 안과 밖이 깨끗해질까요?"

그는 "그 부분에 대해 주님은 눈먼 바리새파 사람들아, 먼저 잔의 속을 깨끗이 닦아라. 그래야 겉도 깨끗해질 것이라고 말씀하셨습니다."

나는 "속을 깨끗하게 하는 방법은 무엇인가요?"

그는 "동기가 순수해지는 것입니다. 그러려면 삶의 목적이 바뀌어야 합니다."

나는 "삶의 목적이요?"

그는 "네, 유다의 삶의 목적은 탐욕이었습니다. 탐욕의 목적을 가지면 반드시 위선적 행동을 합니다. 그런 자들은 겉으로는 품위를 유지할지 몰라도 본질적 변화는 없습니다."

나는 "그러면 어떻게 해야 하지요?"

그는 "무엇보다 먼저 자신의 내적 상태를 점검해야 합니다. 그리고 악한 행동뿐만 아니라 동기를 제거해야 합니다. 말과 거짓된 생각을 제거하는 것을 우선적으로 해야 합니다."

나는 "동기만 제대로 되면 되나요?"

그는 "절대로 그렇지 않습니다. 둘 다 중요합니다. 동기만 제대로 된다고 해서 행동이 잘 되리라고 상상하는 것은 금물입니다. 동기도 중요하지만 행동도 매우 중요하다는 것을 알아야만 합니다. 목욕을 한 사람은 발을 자주 자주 씻어야 한다는 말이 있지 않습니까? 사람이 추한 삶을 살 때 그 뒤에는 반드시 악한 동기가 숨어 있다는 것을 알아야 합니다."

나는 "악한 동기가 무서운 것이군요?"

그는 한 참을 생각하더니 내게 이런 질문을 던졌다. "주님께서 이런 말씀하신 것을 아시나요? 누구든지 여자를 보고 음란한 생각을 품는 사람은 벌써 마음으로 그 여자를 범했다."

나는 "그 말씀도 마음의 동기를 말하는 건가요?"

그는 "그렇습니다. 동기에 있어서 미움이 살인이라면 탐욕은 간음이 됩니다. 그러므로 심사숙고해서 목적을 바꾼다면 간음의 행위를 예방할 수 있습니다. 그러나 만일 간음을 은밀하게 사모한다면 이미 마음에 간음한 것이 됩니다. 하나님께서는 사람의 마음을 들여다보시는데, 의도와 행위를 보시고 판단하십니다.

나는 "그러면 우리가 바라는 것을 조심해야 하겠군요."

그는 "그렇습니다. 죄는 의도한 만큼 죄가 됩니다. 그래서 뿌리를 뽑아내는 것이 중요합니다. 마음의 세계에서는 의도가 무엇인지에 따라 판단 받습니다. 의도는 불을 붙이는 성냥과 같습니다."

나는 "자기도 모르는 사이에 욕망이 올라오는데요?"

그는 "사람은 그 나름대로의 욕망을 가지고 있습니다. 그렇다고 해서 모든 사람이 욕망을 찬성하는 것은 아닙니다. 마음에 욕망의 자극이 들어오면 이성은 그 욕망과 싸웁니다. 만일 싸워서 이기게 된다면 죄로 전환되지는 않습니다."

나는 "당신의 말을 듣고 보니 탐욕의 의도를 조심해야 되겠다는 생각이 듭니다."

내가 이렇게 동조하면서 깨닫게 되자 그는 하나의 진리라도 더 가르쳐 주고 싶어서 이어서 말을 꺼냈다.

"주님께서 씨 뿌리는 자의 비유를 말씀하실 때 여러 종류의 밭을 말씀하셨죠? 그중에 탐욕은 가시나무 떨기와 같은 마음 상태를 의미합니다. 씨가 가시덤불속에 떨어졌지만 가시나무들이 자라서 그만 숨이 막혔다고 했습니다."(마13:22).

나는 "네, 주님께서 가시나무를 세상걱정과 재물의 유혹이라고 설명해 주셨습니다."

그는 "세상 걱정은 탐욕을 의미합니다. 부해지고 싶은 마음은 누구에게나 있습니다. 하지만 우리가 구별해서 생각할 것이 있습니다. 그것은 세상 직업에서 오는 걱정과 탐욕적 야망을 구별해서 생각해야 합니다. 세상 직업을 통해 돈 버는 것을 탐욕이라고 하지는 않습니다. 그러나 사치와 허영을 위해서 물건을 쌓아둔다면 탐욕이 됩니다."

나는 "그러면 종교 생활에도 탐욕이 있을 수 있나요?"

그는 "물론입니다. 세상 걱정은 자연적 마음 상태입니다. 이런 마음 상태를 가진 사람은 주님을 섬기기보다는 지식이 많으면 종교적 지도자가 된 것처럼 착각하고 자신이 가장 믿음 좋은 것처럼 생각합니다. 이런 것에 현혹되어 자신이 종교 생활을 잘하고 있다고 믿습니다. 이런 자들은 탐욕적으로 종교적 지식을 소유하고자 하는 것입니다."

나는 "그렇다면 종교생활은 종교적 지식을 갖는 것보다 섬기는 삶이 우선이 되어야 하겠군요."

그는 "그렇습니다. 지식만 가지고 지도자가 되려고 하는 자는 일종의 종교적 사기꾼입니다. 그것도 탐욕에서 비롯된 것입니다. 야고보가 비웃듯이 말했습니다. 잘하는 도다. 귀신도 믿고 떤다고 한 말씀을 귀담아 들어야 합니다."

나는 "그 말씀은 종교 지도자들에게 주는 경고처럼 들리는군요."

그는 "잘 보셨어요. 사람들은 질보다 양을 추구하는 버릇이 있습니다. 가시나무 토양은 영양이 부족하거나 메말라 있는 것은 아닙니다. 오히려 가시덤불은 뿌리를 깊이 내립니다. 가시덤불이 무성한 밭은 좋은 씨를 받을만한 능력을 갖추고 있는 밭입니다."

나는 "가시나무가 자랄 수 있는 토양은 이미 영양분이 있는 땅이라는 말씀이군요."

그는 "그렇습니다. 토양은 이미 조성되었지만 세상적 탐욕이 자란 것입니다. 그러므로 가시나무를 제거해야 합니다. 그것은 악을 제거하라는 말씀입니다."

나는 "악을 제거하는 것과 탐욕을 제거하는 것이 같은 의미인가요?"

그는 "네 그렇습니다. 만일 탐욕이 제거된다면 씨가 옥토에 떨어진 경우처럼 열매가 백배가 된 것도 있고 육십 배가 된 것도 있고 삼십 배가 되기도 하는 것입니다. 그러면 많은 열매를 맺는다면 아버지께서 영광을 받으신다고 했어요."(요15:8).

나는 "네 그렇군요. 삼십 배, 육십 배, 백배의 결실은 무엇을 의미하지요?"

그는 "그것은 열매의 양만 말한 것이 아니라 품질의 차이를 두고 하신 말씀입니다."

나는 "품질의 차이?"

그는 "마음의 세계에서 숫자는 상태의 특성을 의미합니다. 10은 순수한 면을 의미합니다. 그래서 30배는 3×10입니다. 이는 훈육에 의한 열매입니다. 60배는 6×10입니다. 이는 시험을 통해서 얻은 열매를 말합니다. 100배는 10×10입니다. 이는 생활로 확증한 열매를 의미합니다. 열매는 진리를 실천함으로 맺어지는 선한 행실을 말합니다."

나는 "그러면 마음의 세계에서 탐욕자들은 어디에 있나요?"

그는 "마음의 세계에서 탐욕자들은 어두움의 세계에 머무릅니다."

나는 "그래요? 그러면 지옥에 들어간다는 말 아닌가요?

그는 "천국은 인간이 감히 상상할 수도 없는 거대한 사람의 형체와 같습니다. 우리가 음식물을 먹으면 식도를 통해 위에 들어갑니다. 그러면 위에서 뒤섞여지고 으깨집니다. 그리고 부드러운 음식물, 당분, 기름기, 발효된 것은 혈관에 흡수되어 순환기관에 옮겨지지요? 그러나 탐욕자는 소화되지 않는 음식물과 같습니다. 탐욕자는 건강에 해로운 영양분이 없는 음식물과 같은 종자입니다. 그래서 영양분이 없는 것은 대장으로 보내지고 찌꺼기는 똥으로 나옵니다. 이것이 지옥입니다."

나는 "무섭습니다."

그는 "마음의 세계에서 탐욕자는 소화되지 않았을 때 위에서 올라오는 냄새와 같습니다. 탐욕자는 음식 찌꺼기와 같아서 생명이 없는 것입니다."

나는 이 분이 탐욕의 마을에서 탐욕자들의 마음을 위해 상담을 해주고 있는 분으로만 알고 있었는데, 이렇게 탐욕의 수준에 대해 깊이 알고 있다는 사실에 놀랐다.

나는 노인에게 말했다. "당신이 이 마을에서 탐욕자들에게 뭐라고 조언 하십니까?"

그는 "내가 하는 일은 그들에게 영생의 길을 소개해 줍니다. 그들도 그 나라에 모두 들어가고 싶어 합니다. 그러나 마음만으로는 안되지요. 탐욕을 버려야 생명을 얻을 수 있습니다."

나는 "당신은 위대한 일을 하고 있습니다. 그런데 그들이 당신의 말을 잘 듣습니까?"

그는 "잘 듣지 않습니다. 탐욕자들은 악한 열정에 빠져 있거든요. 그러나 듣든지 아니 듣든지 저는 열심을 가지고 탐욕에서 벗어나도록 도울 뿐입니다."

성경에는 욕심을 잉태하면 죄를 낳고 죄가 장성하면 사망이 온다고 하였다. 욕심이 일만 악의 뿌리라는 것이다. 탐욕 때문에 멸망당한 이들이 그 얼마인가?

탐욕은 진리를 희생물로 삼을 정도의 불덩어리이며 주님을 배반하도록 만드는 악독이다. 나는 유다가 예수를 넘겨 줄 기회만 엿보고 있었다는 그의 상태를 보고, 악한 열정에 빠져서 스승을 배반하는 인간을 보면서 나 자신을 경계하였다.

탐욕 마을의 지혜로운 자와 헤어지고

양심 불감자를 만나다

나는 마늘 밭을 지나가게 되었다. 마늘은 피의 불순물을 제거하여 피를 맑게 해줄 뿐만 아니라 음식물에 들어가 갖가지 맛의 상승작용을 한다. 마늘은 동양인의 입맛에 잘 맞고, 서양인은 그 냄새에 거부감을 가진다.

고대 이집트에서는 피라미드를 쌓기 위해 돌을 운반하는 인부들에게 마늘을 먹였다고 한다.

마음의 세계에서 마늘은 날마다의 삶을 기름지게 만드는 깨달음이다. 마늘은 그 맛을 더하여 인생의 상승작용을 하게 한다.

나는 길을 가다가 이상하게 쓴 글씨체의 푯말을 보았다. "양심불감 마을"이라고 쓰여 있었다. 나는 양심 불감이라는 질병이 있는가 하고 의아해 하였다. 내가 알기로 양심은 인간이 잘못된 행위를 했을 때 울리는 경고등과 같은 것이다. 그렇다면 양심 불감자들에게는 이런 경고등이 켜지지 않는다는 말인가? 아니면 양심의 불이 켜져도 무시를 하는가? 나는 점점 궁금증이 더해만 갔다.

나는 이상한 마을이라고 여겨서 더욱 가까이 다가섰다.

나는 그곳에서 사람들을 도와주고 있는 한 목사를 만났다. 그는 전에는 자신도 양심 불감자였는데, 이제는 변화를 받아서 새사람이 되어 양심 불감 마을에 양심을 일깨우기 위해 사람들을 도와주는 일을 한다고 자신을 소개 하였다. 나는 그와 자리를 편히 앉고 대화를 시작하였다.

"나는 마음의 세계에서 진리를 찾고자 여행 중입니다. 내게 양심 불감자들에 대해 알려 주시기를 바랍니다."

그는 "무엇이 궁금합니까?"

나는 "마을 입구에 양심 불감자의 마을이라고 적혀 있는 것을 보았습니다. 당신이 생각하는 양심은 무엇입니까?"

그는 "양심은 자신의 행위를 규정하는 마음의 법입니다. 그러니까 남이 보거나 보지 않거나 그것이 중요한 것이 아니고 자신의 마음에서 타인에게 해를 끼쳤을 때 울리는 사이렌 소리와 같은 것입니다."

나는 "양심 불감자는 무엇입니까?"

그는 "매사에 양심의 가책을 받지 않는 자들입니다. 양심 불감자들은 자신의 이익을 위해 마음의 규율을 무시합니다. 즉, 믿음과 행위의 불일치입니다. 믿음과 행동이 불일치하면 양심을 무시한 증거입니다. 양심 무시를 반복하면 양심이 소멸되기도 합니다. 양심을 무디게 하는 행위를 반복하는 자를 성경에서는 '용' 이라고 합니다."

나는 "아! 그렇군요. 그러니까 양심은 인간으로써 당연히 지켜야 하는 도리를 위한 마음의 명령이군요."

그는 "마음의 명령은 인간으로 하여금 선을 행하도록 이끕니다. 인간이 악을 행할 때 양심이 나서서 가로 막습니다. 예를 들어 어떤 사람이 아무도 보는 이가 없는 길에서 돈 가방을 주웠다고 가정합시다. 그는 가방 속에 들어있는 많은 돈을 보고는 갖고 싶은 욕심이 생깁니다. 그러나 마음 한구석에서는 이를 허락하지 않고 주인에게 돌려주라고 소리치고 있습니다. 그가 마음의 소리에 귀를 기울이고 주인을 찾아 돈을 돌려주었다면 그는 양심의 소리에 귀를 기울인 것입니다. 그러나 그 소리를 무시한다면 양심 불감이 됩니다."

나는 "가방을 안돌려준다면 불안하지 않나요?"

그는 "그렇죠. 당연하게 불안이 찾아옵니다. 그것은 미약하나마 양심이 있기 때문입니다. 그러나 이곳 마을 사람들은 양심 무시가 너무 오래되어서 불안감마저 느끼지 못합니다."

나는 "음, 사람이 양심에 따라 행동하면 평안해지고 양심에 저촉되면 불안이 오는 것으로 알고 있습니다. 그것을 양심의 가책이라고 하지 않나요?"

그는 "네, 양심의 가책은 신의 계명을 어기거나 이웃에게 해를 끼치거나 은밀하게 악을 행했을 때 생기는 존재적 불안입니다. 사람이 어떤 생각이나 행동을 할 때 불안이 느껴진다면 양심의 소리가 발동했기 때문입니다."

나는 "마음의 세계에서 불안은 큰 고통이 아닌가요?"

그는 "그렇습니다. 마음의 세계에서 불안은 매우 큰 고통입니다. 그 자체가 지옥이지요. 양심의 고통은 선을 어김으로 찾아오는 고통입니다. 양심의 고통을 성경에는 핏 값을 치른다고 표현했습니다." (창42:22).

나는 "그러면 양심은 언제나 선을 위해 있나요?"

그는 "그렇습니다. 반드시 선과 함께 있습니다. 죄를 지으면서도 가책이 없다면 그것은 양심이 아닙니다. 양심은 선한 행동을 하도록 독려하고 악한 행동을 금지합니다."

나는 "그렇군요. 양심에 대해서 좀 더 알려주시기를 바랍니다."

그는 "네, 그렇죠. 양심에는 몇 가지 특성이 있습니다. 양심적으로 행동한다는 것은 곧 믿음에 따라 행동하는 것입니다. 자신이 믿는 바대로 행동하지 않으면 양심의 가책이라는 사이렌을 울립니다."

나는 "그리고요?"

그는 "양심은 신과 인간 사이의 중간 매체입니다. 종교의 목적은 인간으로 하여금 진리를 실천하여 선을 행하도록 하는데 있습니다. 그러기 때문에 종교는 진리를 제시합니다. 양심은 선을 목표로 하기 때문에 종교에 속해 있다고 볼 수 있습니다."

나는 "진리를 어떻게 알 수 있나요?"

그는 "만약 어떤 이가 가르치는 진리가 양심을 파괴한다면 그것은 진리가 아닙니다. 진리는 양심을 생성시킵니다. 사람에게 진리가 있는지를 알고자 한다면 먼저 양심을 살펴보면 압니다. 진리에 대해 눈을 뜬 사람은 그렇지 못한 사람들에 비해 더 큰 양심이 주어지기 때문입니다. 마음에 진리를 수용하는 정도에 따라 양심이 형성됩니다."

나는 "그 다음에는요"

그는 "주님은 양심으로 인간을 다스리십니다. 주님은 마음에 법을 새긴다고 하셨습니다(렘31:33). 양심은 마음이 새로워진 사람에게 주시는 주님의 선물입니다. 그래서 사람이 거듭나면 먼저 양심이 살아납니다. 사람의 마음이 달라지는 것은 바로 이 부분이 달라진 것입니다."

나는 "그래서 주님을 선한 목자라고 하는 건가요?"

그는 "네, 선한 목자가 되시는 주님은 양심의 불을 밝힘으로 사람을 인도하십니다. 그러나 양심이 결여된 자는 마음에서 들려오는 양심의 소리에는 관심이 없고 오로지 눈에 보이는 증거자료와 기억된 사실만 가지고 말합니다."

나는 "사람이 왜 양심을 무시할까요?"

그는 "사람이 양심을 무시하는 이유는 욕심 때문입니다. 세상 재물과 명예를 잃을 것에 대해 두려움 때문입니다."

나는 "아! 그렇군요. 그런 자들이 죽은 후에는 양심의 처벌을 받나요?"

그는 "양심 불감자들이 죽은 후에 양심에 의한 형벌은 받지 않습니다. 왜냐하면 그들은 양심이 없기 때문입니다. 세상에서 양심이 없다면 저세상에서도 마찬가지입니다. 지옥에 있는 인간은 세상에서 행한 악에 대하여 아무런 양심의 가책을 느끼지 않습니다. 자신이 무엇을 잘못했는지를 알지 못합니다."

나는 "아! 과연 그렇군요."

그는 "양심 불감자는 양심이 무엇인지 모릅니다. 그래서 양심적인 사람을 비웃습니다. 이곳 마을은 양심이 있는지 조차 모르고 살아가는 사람이 태반입니다."

나는 "양심을 무시하고 산다면 짐승처럼 되는 것 아닙니까?"

그는 "양심 불감자들은 언제나 자신의 죄를 합리화합니다. 자신이 이럴 수밖에 이유를 그럴듯한 변명을 만들어냅니다. 그리고 자신은 아무 잘못이 없다고 말하면서, 언제나 남의 탓을 합니다. 그래서 결국 더 큰 죄를 생각해내고 간악한 행위를 서슴없이 저지르게 되는 것입니다. 양심이 없으면 짐승과 같다고 볼 수밖에 없습니다."

나는 "갓난아이를 죽인 헤롯의 경우는 어떤가요?"

그는 "성경에 동방박사들이 왕께 경배하기 위해 왔다는 말을 들고 헤롯 왕이 당황했고 예루살렘이 술렁거렸습니다. 헤롯은 시기심이 올라왔고 분노가 들끓었습니다. 그리고는 자신의 보좌를 노리는 적수라고 생각할 수도 없는 갓난아이를 죽입니다. 만일 그가 조금이라도 양심을 소유했더라면 그런 악한 짓을 하지 않았을 것입니다."

나는 "휴, 왜 그런 행위를 하는지 답답하기만 합니다."

그는 "양심 불감자들도 처음부터 그렇지는 않았습니다. 그러나 작은 일에 양심의 가책에서 돌이키지 않은 것이 시간이 지날수록 구덩이는 더 큰 구덩이로 변하게 되었던 것입니다. 우리나라 속담에 바늘 도둑이 소도둑이 된다는 말이 있습니다. 양심의 소리를 거부하고 은밀하게 죄를 짓고는 합리화하면 결국 양심을 느끼지 못하고 굳어져버려 낯이 두꺼워지고 뻔뻔함에 이르게 됩니다."

나는 "그들이 죄를 지었을 때 어떤 식으로 합리화 합니까?"

그는 "죄를 짓는 자들은 양심의 소리를 잠재우기 위해 먼저 양심 불감 동료들로부터 아무 문제없다는 이야기를 듣고자 합니다. 그리고 그런 자들과 어울려 다닙니다. 시편에 말한 것처럼 악인의 꾀를 따르는 것과 같습니다. 누군가 자신의 죄를 지적하면 생떼를 부립니다. 그리고는 자신에게 용기를 줄만한 성경구절을 외웁니다. 주로 단번에 죄사함 받았다는 그런 구절입니다."

나는 "아! 그런 절차가 있군요. 기가 막힙니다. 내 주변에 그런 자들을 보았습니다. 양심 불감자의 주변에 있는 사람들은 그들에게 희생자가 되는 것을 보았습니다. 그들은 아주 뻔뻔했습니다."

그는 "또 있습니다. 하나님이 자기를 특별히 사랑하신다고 말합니다. 그렇기 때문에 이런 죄는 아무 것도 아니고 나중에 다 갚아 줄 것이라고 말합니다. 그리고 하는 말이 하나님이 나를 쓰시기 위해 이런 과정을 거치도록 하셨다고 말합니다."

나는 "스스로 위로받는군요. 정말로 가증스럽습니다."

그는 "또 있습니다. 이들은 어떤 짓을 해도 증거만 없으면 죄가 아니라고 말합니다."

나는 "증거가 없으면 죄도 없나요? 왜 그런 말을 하지요?"

그는 "세상 법은 증거를 채택하여 판결을 내립니다. 그러나 마음의 세계는 그렇지 않습니다. 이미 그들의 손에 전부 기록이 되어 있습니다. 그것을 행위록이라고 합니다. 그 기록은 절대 없어지지 않습니다. 그리고 언젠가 손을 벌리는 날이 반드시 옵니다. 그 날이 그에게는 심판의 날이 될 것입니다."

나는 "말을 듣고 보니 참담하군요. 부부간에 양심 없이 산다면 어떻게 될까요?"

그는 "아마도 주님만이 아실 것입니다. 양심 없는 상태는 이미 귀신이 점령한 상태이기 때문입니다."

나는 "자신의 행위에 대해 책임지지 않으면서 뻔뻔하게 말로만 자기를 포장하는 자는 귀신이 이미 점령했다고 보아도 되겠네요. 인간들이 얼마나 간악합니까? 생각만 해도 화가 치밀어 오릅니다."

그는 "진정하세요. 양심은 주님께서 누구에게든지 마음에 심어 놓은 선한 법입니다. 그런데 그 마음의 법을 깔아 뭉개버린 것입니다. 그렇지만 마음에는 양심을 무시한 증거가 남아 있습니다. 그 증거로 인해서 천국과 지옥이 갈리게 됩니다."

나는 "천국과 지옥으로 나뉘는데 양심이 큰 몫을 하는군요."

그는 "천국은 양심이 있는 자들의 모임이며 지옥은 양심 없는 자들의 모임입니다. 결국 이 말은 선한 사람은 양심을 가지고 있지만 악한 사람에게는 양심이 소멸되었다는 말입니다."

나는 "그러면 양심 가진 자와 양심 불감자의 차이는 선과 악의 차이인가요?"

그는 "네 그렇습니다. 그래서 양심의 고통은 선과 악의 싸움에서 옵니다. 천사는 양심을 세우고자 하지만 악마는 양심을 파괴하려고 시도합니다. 인간이 어떤 잘못된 짓을 할지라도 양심의 고통 없이 살아가도록 만드는 것이 악마의 목표입니다. 고로 양심이 공격 받는 것은 영적인 시험입니다.

나는 "성경에 양심 불감자의 예가 있나요?"

그는 "빌라도입니다. 군중들이 바라바를 놓아주고 예수는 죽이라고 요구하였을 때 빌라도는 군중 앞에서 손을 씻으며 나는 이 사람의 피에 대한 책임이 없다고 말하였습니다. 빌라도의 이런 행동은 양심에 위배된 행동입니다." (마27:25).

나는 "손을 씻었지만 양심의 법을 어겼군요."

그는 "마음의 세계에서 손을 씻는다는 것은 결백을 선포하는 것입니다. 손을 씻는다는 것은 영혼이 죄로부터 순수해진다는 의미입니다. 시편 기자가 여호와여, 손을 씻고 죄 없는 몸으로 당신의 제단을 두루 돌겠다고 했습니다." (시26:6).

나는 "빌라도는 결국 육신의 손을 씻었지만 마음의 손은 씻지를 못했군요?"

그는 "빌라도는 예수를 의로운 사람으로 보았으나 그를 시기하는 유대인에게 그를 내어주었고 대신 자신의 범죄에 대해 무죄함을 손을 씻어 보여 주었습니다. 그러나 이런 행동에 그의 양심은 동의하지 않습니다."

나는 "그렇다면 베드로의 양심은 어떤가요?"

그는 "베드로는 여러 사람 앞에서 주님을 부인했습니다. 심지어는 저주하고 맹세까지 하면서 부인하였습니다. 저주하고 맹세했다는 의미는 말로만 부인한 것이 아니라 열정적으로 했다는 뜻입니다."

나는 "베드로의 부인은 상징적 의미가 있나요?"

그는 "사실 베드로의 이런 행동은 마지막 교회의 믿음을 표현한 것입니다. 세 번 부인은 완전한 부인입니다. 그러나 닭 울기 전에 세 번 나를 모른다고 할 것이라는 주님의 말씀이 떠올랐습니다. 그때 베드로는 밖으로 나가 몹시 울었다고 했습니다."

나는 "참으로 애처롭네요."

그는 "그의 기억과 양심은 깊이 잠들어 버린 것처럼 보였습니다. 그러나 닭의 울음소리와 함께 그의 양심이 깨어났습니다. 그리고 그는 통렬하게 울었습니다. 통렬함은 죄로 인한 회개의 눈물입니다."

나는 "그러면 제자 가룟 유다의 양심은 어떻게 되나요?"

그는 "베드로의 회개는 겸손해서 새 사람이 되었지만, 유다의 뉘우침은 자살을 초래했습니다. 영적인 의미에서 유다는 유대 교회를 대표하고, 베드로는 기독교회를 대표합니다."

나는 "유다가 뭐라고 하면서 뉘우쳤나요?"

그는 "유다는 이런 고백을 했습니다. 내가 죄 없는 사람을 배반하여 그의 피를 흘리게 하였으니 나는 죄인입니다 라고 말입니다."

나는 "그 말은 양심의 가책 아닌가요?"

그는 "그 말은 자신을 정죄한 것에 불과합니다."

나는 "저런! 양심의 소리가 아니었군요."

그는 "그는 사제와 백성의 원로들에게 돈을 반환 하겠다고 하면서 예수를 풀어달라고 요구했지만 승낙되지 않자, 은전을 성소에 내동댕이치고 물러가서 스스로 목매달아 죽었습니다."

나는 "목을 매달아서요?"

그는 "네, 유다가 제 손으로 목매달아 죽은 것에 대해 양심의 가책에 의한 것인지는 많은 논란이 있습니다. 그러나 머리와 몸을 연결하는 목은 우리 마음의 내적 측면과 외적 측면 사이를 연결시키는 매체를 의미합니다. 유다가 목매달았다는 것은 유대 교회가 하늘과의 연결이 분리되었음을 말합니다."

나는 "그러면 양심 불감자들은 결국 어떻게 되나요?"

그는 "죄를 범하는 자마다 죄의 종이라(요8:34)는 구절이 있습니다. 죄를 범하는 자는 누구든지 죄의 종이기 때문에 이들은 악령의 노예 상태에 있는 것입니다. 악령은 양심을 마비시키고 이기심과 탐욕을 미끼로 끌고 다닙니다. 결국 이들은 배설물 같은 정욕과 쾌락적 기쁨에 의해 흥분하면서 지옥의 문에 도달하게 될 것입니다."

나는 양심에 대해 설명을 들으면서 온몸에 두려움이 느껴졌다. 그리고 나도 살면서 양심이 소멸되면 어쩌나 하는 걱정이 되었다. 그리고 내주변의 형제와 가족이 양심을 잃어버리지 않기를 간절한 마음으로 소망했다. 한번 양심을 잃어버린다면 그것을 회복하기란 쉬운 일이 아니기 때문이다. 그것은 악마가 쫓겨나가야만 가능한 일이기 때문이다. 악마는 거머리와 같아서 그것을 떼어내기란 보통 어려운 일이 아니다. 그러므로 반드시 양심을 찾아야만 한다.

양심 불감 마을의 목사와 헤어지고

허약자를 만나다

주변에 감복숭아 나무의 흰색 꽃이 피었다. 아주 화사했다. 감복숭아 나무의 꽃은 봄이 왔음을 가장 먼저 알리는 꽃으로 '일깨우는 자' 라는 별명이 있다. 감복숭아는 야곱이 아들에게 애굽으로 가져가라는 과일 목록에 언급된다(창43:11). 예레미야는 잎이 나기 전에 꽃이 활짝 핀 것을 다가오는 시대의 전조 증상에 빗대고 있다(렘1:11-12).

감복숭아는 우아한 모양과 일찍 피는 꽃 때문에 아론의 지팡이(민17:8)나 성전 기구의 장식 무늬로 등장한다(출25:33-34).

주님께서 죄악을 저지르는 이스라엘 백성을 나무라시기 위해 "예레미야야 네가 무엇을 보느냐?"고 물으셨다. 그때 예레미야는 "감복숭아(살구나무) 가지를 보나이다."고 대답했다. 감복숭아는 영적 진리에 대한 깨달음이다.

나는 감복숭아 나무의 길을 따라 구불구불한 길을 걸었다. 굴곡 있는 길을 걷다보니 머리가 어지러울 지경이었다. 마치 내 인생길을 걷는 듯 했다. 나는 한참을 걸어서 어느 마을에 도착했다. 나는 눈을 들어 이곳 마을 입구에 세워둔 푯말을 보니 '허약자의 마을' 이라고 적혀 있었다.

나는 허약자의 마을이 어떤 마을인지 궁금했다. 나는 더 가까이 보기 위해 마을 중앙으로 걸어 들어갔다. 그곳에 많은 사람들이 모여 있었는데, 어른과 아이들 모두 뼈에 가죽이 덮여 있을 정도로 메말라 있었다. 어떤 이는 길을 가다가 쓰러져 있었고 또 어떤 이는 벽에 기대어 있었다.

나는 그곳에서 한 정자에 쉬고 있는 그나마 약간 건강해 보이는 중년 남자를 만났다. 그리고 그에게 정중하게 인사를 하였다.

"나는 마음의 세계에 진리를 찾아 여행 중입니다. 그러던 중 이곳에 들르게 되었습니다. 이곳 마을에 살고 있는 분들에 대해 말씀해 주시기를 부탁드립니다."

그는 무표정하게 대답했다. "무엇이 알고 싶으십니까?"

나는 "마음의 세계에서 허약이라는 병을 알고 싶습니다."

그는 웃으며 "허약이요? 음..그러니까 약하다는 것을 인정하기

싫은데요. 마음의 세계에서 허약은 무질서를 의미합니다."

나는 "왜 허약을 무질서라고 하나요?"

그는 "네, 마음의 세계에서는 절대자의 통치와 다스림을 받아 계

명을 지켜야 하는데, 주님의 도움 없이 자기 힘으로 살고자 할 때

허약의 무질서에 빠집니다."

나는 "그러니까 주님의 도움 없이 스스로 독립하고자 하는 마음

을 가지면 허약이라는 질병에 걸리는군요?"

그는 "네, 자존심이 너무 강해서 주님을 의지하기 어려운 사람들

이 이 병에 많이 걸립니다."

나는 " 주님을 의지한다는 것이 쉽지 않군요. 저도 이것이 잘 고

쳐지지 않아요. 오래되어서 하나의 습관이 되어 버렸어요. 주님

을 의지하려면 어떻게 해야 하나요?"

그는 "먼저 간절한 마음으로 주님을 사모해야 합니다. 그러나 마

음에 악이 도사리고 있으면 주님을 사모하는 마음이 잘 생기지

않습니다."

나는 먼저 이 분의 사정을 들으면서 허약한 자들이 모여 있었던

베데스다 연못이 떠올랐다. 그때 주님께서 허약한 자를 고치셨다. 마음의 세계에서는 주님을 의지하지 않는 자가 허약자라고 했는데, 나는 과연 주님을 절대적으로 의지하고 사는가? 혹시라도 내가 이렇게 약한 마음을 갖는 것은 주님을 의지하지 않고 나 스스로 모든 짐을 지려고 해서인가? 하는 생각이 들었다. 주님을 의지하지 않으면 잠시라도 살 수 없는 인간들이 주님께 맡기지 못하고 제 스스로 문제를 해결하려 드니 짐이 무겁고, 문제는 해결되지 못하는 것이 당연하다.

나는 주님께 기도했다.

"주님 저의 믿음 없음을 용서하소서. 모두다 주님께 의지하고 맡기겠습니다. 제발 저를 불쌍히 여겨 주세요."

나는 "혹시 베데스다 연못가에 모여 있었던 환자들 중에 허약한 자들이 있었던 것을 아십니까?"

그는 "알다마다요. 잘 알고 있습니다. 그곳에 물이 움직이기를 기다리고 있었지요. 마음의 세계에서는 지금도 그 물이 동하기를 언제나 기다린답니다."

나는 "아하 그렇군요. 마음의 세계에서 허약의 병이 치료되기 위해서 어디로 가야 합니까?"

그는 "사람들에게 있는 약함의 정도는 사람마다 차이가 있습니다. 우리는 허약이 제거되기 원해서 지식의 행각에 모였습니다. 그래서 베데스다에 모여든 것입니다."

나는 "허약의 질병이 치료되기 위해 진리의 지식이 필요하군요."

그는 "베데스다에는 이따금 주님의 천사가 그 못에 내려와 물을 휘저었다고 했습니다. 그리고 맨 먼저 못에 들어가는 사람은 무슨 병이라도 다 나았다고 했어요."

나는 "마음의 세계에서 연못의 물은 무슨 의미이지요?"

그는 "연못의 물은 기억 안에 있는 진리의 지식입니다. 그러니까 천사는 가끔 내려와서 진리의 지식을 휘저어서 소극적인 진리를 적극적으로 태동하게 하십니다."

나는 "그런데 왜 가끔 내려오지요?"

그는 "간헐적으로 내려오는 이유는 우리 자신 때문입니다. 주님은 선물을 주시기를 원해도 우리가 받을 만한 준비가 되어야 하거든요."

나는 "아하! 그렇군요. 결국 그렇다면 그 때를 위해 준비해야 되는 거네요."

그는 "네 그렇습니다. 그런데 허약의 질병에 놓인 자들은 자존심이 너무 강해서 그분을 기다리지 못하는 습관을 갖고 있습니다."

나는 "그렇다면 어떻게 해야 치료가 되나요?"

그는 "우리가 허약의 질병에서 벗어나는 길은 주님의 진리를 의지하고 기다리는 훈련이 될 때 이루어집니다."

나는 "그런데 왜 맨 먼저 뛰어든 사람에게만 병이 낫는다는 것이지요?"

그는 "그 말씀에는 교훈이 있습니다. 마음의 세계에서 시간적으로 맨 먼저는 소원을 의미합니다. 그러니까 물을 예의주시하고 있다가 맨 먼저 뛰어드는 것은 준비가 가장 잘 되어 있다는 것을 의미합니다."

나는 진리의 지식을 알고자 간절한 마음의 소원을 가지고 있는 자에게 주님께서 건강함을 주신다는 것을 알고 주님을 찬양했다.

아! 얼마나 위대한 진리인가? 하늘나라는 사모하는 자에게 임하는 주님의 은혜요 축복이다. 나는 주님을 의지하기 보다는 내가 지혜를 짜내서 살아보려고 애를 썼던 것을 회개한다. 주님의 나라에서 허약한 모습으로 드러나지 않기를 간절한 마음으로 소망한다.

나는 "예수께서 온 갈릴리를 두루 다니시며 백성 가운데서 병자와 허약한 사람들을 모두 고쳐주셨다(마4:23)고 했어요. 무슨 의미이지요?"

그는 "마음의 세계에서 갈릴리는 자연인의 마음 상태를 말합니다. 제자를 뽑으신 후 온 갈릴리를 두루 다니셨다는 것은 주님의 권능이 자연인의 마음에 전달되었다는 의미입니다. 그분은 백성들 사이에 있는 병자와 허약한 사람들을 고치셨는데, 백성 사이의 병자는 진리에 대해 무질서한 상태를 의미합니다."

나는 "무질서 상태요? 그러면 무질서는 왜 오는 거지요?"

그는 "악한 욕망이 행동으로 나타난 것이 무질서입니다."

나는 세상에서 독립적 의지라고 하는 것은 좋은 것으로 보았는데, 마음의 세계에서는 아주 허약한 영혼의 질병이라는 사실에 놀랐다.

나는 나 자신을 돌아보았다. 그간 나의 삶이 과연 주님을 의지했었는지를 돌이켜 보았다. 내가 과연 주님을 의지하지 않았기 때문에 내 마음이 그렇게 불안하고 약한 느낌을 가졌나 하는 생각에 내 자신이 너무 슬퍼졌다. 별로 잘나지도 못한 인간이 주님을 온전하게 의지하지 못하고 자신만을 신뢰하고 살아왔으니 더욱 한심하고 답답했다. 나는 먼 산을 바라보면서 그만 한 숨을 내쉬었다.

나는 천사들을 생각했다. 그리고 천사의 힘이 주님을 의지하는 마음에서 나올 것이라는 생각을 하였다. 그래서 천사에 대해 물어 보았다.

나는 "천사들에게는 영적인 힘이 있나요?"

그는 "그럼요. 천사들은 힘을 가지고 있습니다. 세상 사람들은 천사의 존재를 믿지 않겠지만 그러나 심사숙고 해보면 천사의 존재를 믿을 수밖에 없습니다."

나는 "천사는 어떻게 사람들을 도와주나요?"

그는 "예를 들어 사람이 행동을 하려면 의도가 있어야 하지요? 천사들은 사람에게 진리의 의도를 가지고 움직이도록 도와줍니다."

나는 "그러면 천사도 주님을 의지하나요?"

그는 "당연하지요. 주님을 의지하는 만큼 천사의 능력이 더욱 강해집니다."

나는 "그렇다면 그들은 악마를 이길 수 있겠군요."

그는 "당연합니다. 천사들은 주님의 힘을 빌어서 수백, 수천의 악령을 지옥으로 되돌려 보냅니다."

나는 "정말로 그 말씀은 큰 위로가 되는군요."

그는 "천사는 자신에게서 힘이 나온다고 여기지 않습니다. 겸손하게 주님이 주시는 힘으로 믿습니다."

나는 "그렇다면 우리의 힘의 근원이 주님이심을 인식한다면 더욱 강해질 수 있나요?"

그는 "당신이 인식하는 만큼 힘이 발휘됩니다."

나는 "만일 힘이 자신으로부터라고 믿는다면?"

그는 "그런 자는 허약해져서 악령 앞에 버티고 서 있지 못합니다. 그러기 때문에 천사들은 자신들이 행한 일에 대해 칭찬과 존경을 거절하고 절대로 자기에게 공로를 돌리지 않습니다. 그들은 그 힘을 주신 주님께 영광을 돌립니다."

나는 천사의 지혜와 힘의 근원을 주님의 것이라는 인식을 한 만큼 힘이 강해진다고 하는 부분에 큰 감명을 받았다. 사람은 주님 없이는 한 발자국도 움직일 수 없는데, 왜 주님을 의지하지 못하는가? 아직도 쓸데없는 자아의 애착이 자신을 사로잡고 있기 때문이다. 바로 자신 안에 못된 죄악의 찌꺼기가 남아서이다.

나는 "주님은 우리 약함을 아시나요?"

그는 "주님은 우리의 사정을 잘 아시는 분이십니다. 그분은 우리와 마찬가지로 유혹을 받으신 분이시거든요. 그리고 우리의 고통을 아시고 경감시켜 주시고자 돕고 계시는 분이십니다. 그분도 인간적인 슬픔, 고통, 시험을 통과하셨습니다."

주님께서 우리의 고통을 아시고 경감시켜 주신다는 말에 큰 위로가 되었다.

주님은 마리아로부터 유전된 모든 허약한 것을 시험을 통해서 모두 이기셨다.(눅8:20,21) 주님은 주위를 돌아보시면서 말씀하셨다. "누가 나의 형제이고 어머니이냐?' 진정으로 주님의 뜻을 행하는 자들이야말로 주님의 백성이다."

"주님! 주님께서 모든 허약을 극복하시고 정복하셨듯이 진정 주님을 의지함으로 모든 허약을 이기기를 원합니다."

허약자 마을의 어느 중년과 헤어지고

간질병자를 만나다

나는 주님을 찬송하면서 길을 걸었다. "하늘가는 밝은 길이 내 앞에 있으니 슬픈 일을 많이 보고 늘 고생하여도 하늘 영광 밝으니 어두운 그늘 헤치니" 그러자 마음이 어느새 밝아지는 듯한 느낌을 받았다.

나는 길가에 줄을 지어 있는 푸른 색깔의 보리밭 사이를 지나가게 되었다. 보리는 주로 가난한 사람들이 먹는 음식이다. 보리는 빵을 만들거나 말이나 노새, 나귀의 먹이로도 쓰인다.

성경에 보리는 아내를 의심하는 남편이 드리는 의심의 소제물(민5:15)이나 부정한 아내를 되사가지고 오는 값(호3:2)이나 거짓 예언자들의 거짓말의 값(겔13:19)이나 기드온의 낮은 신분과 가난한 형편을 나타내기도 하였다(삿7:13).

보리는 이웃을 구제하는 식량이므로 보통 자연인들이 가진 선한 지식을 의미한다.

주님은 보리떡 다섯 개로 사람들을 먹이셨다(요6:10). 그것은 일반 민중들이 소화하고 받아들일 수 있는 진리의 양식을 주셨다는 것을 의미한다. 보리떡과 같은 가난한 서민을 위한 삶의 눈높이를 맞추는 것이 얼마나 중요한가? 가난하고 소외된 자를 위한 진리의 실천은 주님을 위한 삶이다.

조금 걷다보니 '간질병의 마을' 이라는 곳에 도착했다.

나는 그곳에서 간질병이 있는 아이를 데리고 산보를 하는 아버지를 만났다. 나는 그에게 다가서서 인사를 하고 "나는 마음의 세계에서 진리를 알고자 여기저기 마을을 다니고 있습니다. 이곳 마을의 사정을 알려주시기를 부탁드립니다."

그는 "그렇군요. 반갑습니다. 무엇이 알고 싶으신가요?"

나는 "마음의 세계에서 간질병은 무엇을 뜻하나요?"

그는 "간질병은 비록 신체적 질병이라고 해도 정신적인 것이 그 원인입니다. 간질은 마음속의 악이 작동되어 나타난 증상입니다."

나는 "네 그러면 영적 질병인가요?"

그는 "네 영적인 병입니다. 영적으로 어지러운 상태입니다. 그러니까 간질병은 이성이 생각과 느낌을 통제하지 못하는 불능 상태를 말합니다."

나는 "성경에 어떤 아버지가 주님께 무릎을 꿇고 아들이 간질병으로 몹시 시달리고 있으니 자비를 베풀어 달라고 애원한 적이 있습니다. 아시지요?" (마17:14-17).

그는 "네, 잘 알고 있습니다. 주님께서 변화산에서 영광을 나타내신 이후에 일어난 일입니다. 주님께서 제자들과 산 위에 계신 동안 간질병이 있는 아들을 산 아래에 있는 제자들에게 데려 왔지만 제자들은 마귀를 쫓아 내지 못했습니다."

나는 "아! 그렇군요. 아들에게 어떤 증상이 있었나요?"

그는 "악령이 아이를 불속에 뛰어들도록 하였고, 물속에 빠지게도 하였습니다."

나는 "마음의 세계에서 불과 물은 무엇을 의미하지요?"

그는 "악의 불과 거짓의 물입니다. 아이의 아버지가 제자들에게 데려가 보았지만 헛수고였습니다."

나는 "그래서 주님께 데리고 왔군요."

그는 "주님께서 한탄하셨습니다. 이 세대가 왜 이다지도 믿지 않고 거꾸로 뒤집혀져 있을까? 내가 언제까지나 너희와 함께 살며 이 성화를 받아야 한단 말이냐고 한탄하셨습니다."

나는 "아 그렇군요. 왜 주님께서 그런 말씀을 하신 건가요?"

그는 "주님께서 믿음이 없다고 한탄하신 것은 진리의 결핍에 관계된 것이고, 뒤집혀 있다는 말씀은 선의 결핍과 관계된 말씀입니다. 내가 언제까지 너희와 함께 있어야 하느냐는 말씀은 선으로 인간과 함께 하심에 관계되고, 언제까지 너희의 성화를 받아야 하느냐는 진리로 인간과 함께 하심에 관계 됩니다."

나는 "그리고 어떻게 되었나요?

그는 "주님께서 아이를 데려 오라고 하셨어요. 그리고는 마귀에게 호령하셨습니다. 그러자 마귀는 나가고 아이는 즉시 나았다고 했어요."

나는 "악마가 떠나가고 아이가 정상을 회복했군요. 아이가 낫게 된 것이 아버지의 믿음 때문인가요?"

그는 "네, 그렇습니다. 믿음이 있을 때 악이 저항하지 못합니다."

나는 "그런데 왜 제자들은 악령을 쫓아내지 못했을까요?" 그는 "제자들이 주님께 바로 그 질문을 했습니다. 그때 주님은 너희에게 믿음이 없는 탓이라고 말씀하셨습니다."

나는 "그렇다면 한 가지 의문이 있습니다. 주님이 변모하실 때 같이 있던 세 제자와 아이의 병을 고치려고 했던 세 제자는 무슨 차이가 있나요?"

그는 "마음의 세계에서 제자들은 원리를 의미합니다."

나는 "원리요?"

그는 "네, 주님과 함께 변화 산에 오른 세 제자는 핵심 되는 믿음의 원리를 말합니다. 그리고 산 아래 제자들은 낮은 믿음의 원리를 말합니다. 그러니까 낮은 원리가 주님과 멀리 떨어져 있으면 악을 이길 수 없습니다."

나는 "믿음의 결핍 때문인가요?"

그는 "네 그래서 주님은 너희에게 겨자씨 한 알만한 믿음이 있다면 이 산더러 여기서 저기로 옮겨져라 해도 그대로 될 것이라고 하셨던 것입니다."

나는 "그것은 무슨 의미인가요?"

그는 "씨는 진리를 의미합니다. 우리가 알고 있는 진리가 제 아무리 작은 것이라 해도 주님을 사랑하는 마음이 있다면 어떤 일이든 해낼 수 있다는 말씀입니다."

나는 "그런데 왜 겨자씨이지요?"

그는 "겨자씨는 열을 함유하고 있습니다. 그러니까 겨자씨는 진리의 열기를 의미하는 말입니다."

나는 "나도 초기에는 무척 열심을 냈습니다."

그는 "초기에 가졌던 열심은 거듭나면서 영적 진리에 대해 진지함으로 나아가게 됩니다."

나는 "그렇군요."

겨자씨가 모든 씨들에서 가장 작다고 했는데, 믿음이 겨자씨처럼 작다는 것은 무엇을 의미하는 것인가? 그것은 자신이 무엇이 될 수 있다고 자랑하거나 야망을 갖는 것이다. 자기가 할 수 있다고 믿는다는 자체가 가장 작은 겨자씨 믿음의 상태인 것이다. 그러나 비록 초기에 이런 믿음이 있었더라도 현재 거듭나면서 죄인된 자신은 할 수 없고 다만 선한 목자 되신 주님만이 하실 있다는 믿음으로 바뀐다면 그는 겨자씨가 싹이 난 사람이다. 그렇게 될 경우, 현재는 비록 연한 풀이지만 주님의 사랑과 하나 되어 큰 나무를 이룰 수 있는 것이다. 그러면 하늘의 새들이 깃들일 수 있게 된다.

그러나 우리가 알아야할 것이 있다. 작은 겨자씨가 성장할 수 있는 힘의 근원이다. 그것은 씨 안에 생명력이다. 하늘나라를 이루는 원동력은 이 작은 씨 안에 있다. 주님의 권능이 씨를 자라게 만든다. 씨의 운명은 생명의 법칙이 작동됨에 있다.

그러면 씨는 무엇인가? 씨는 곧 생명의 법칙이 작동하는 진리이다.

그러므로 진리가 자랄 수 있도록 기회와 여건을 부여해주면 천국의 성장을 이룰 수 있게 된다. 이 진리가 성장하는데 요구되는 조건은 첫째 죄악을 금지하는 것이다. 둘째 주님과 이웃을 사랑하는 의도로써 선을 행하는 것이다. 즉, 악을 금하고 선을 실천하는 것이다.

겨자씨가 모든 씨들에서 가장 작은 이유는 모든 것을 자기로부터 시작한다고 생각하기 때문이다. 그것은 또 하나의 악을 생산할 뿐이다.

그러나 거듭나면서 자신이 가장 작은 존재라는 것을 알게 된다. 자기가 작다는 사실을 깨닫게 될 때는 싹이 나는 식물이 된다.

그리고 주님 사랑으로 하나를 이룰 때 겨자씨는 거대한 나무가 된다. 그리고 하늘의 새들이 집을 짓게 되는 것이다.

나는 겨자씨에 대해 더 깊이 묵상하였다. 겨자씨는 진리를 믿기는 하지만 아주 적은 믿음을 가지고 있어서 열매가 적은 교인이라고 할 수 있는데, 믿음을 가지고 있다는 면에서는 다행스럽다고 볼 수 있다. 그러나 한편으로는 천국의 확신이 없는 애처로운 사람들이라고 할 수도 있다.

그러나 이렇게 작은 믿음이라고 할지라도 마음속에 제대로 뿌리를 내리면, 그것은 옥토에 심겨진 씨처럼 성장할 수 있다.

이것이 겨자씨의 가능성이다. 의로운 자의 작은 것이 악한 자의 많은 분량보다 더 나은 것이다. 천국은 부피가 아니라 품질로 결정한다. 초기에는 영적인 삶이 지극히 작은 것처럼 보이지만, 성장하기 시작하면 거대한 나무가 될 수 있다.

성경에는 "악한 자의 천막 안에서 거하기보다, 내 하나님의 문지기가 더 낫다."고 했다. 그러므로 우리가 진리의 본질적인 면을 추구한다면 주님은 우리가 노력하고자 하는 삶의 양적인 면을 확장하셔서 하늘의 새들까지 깃들이도록 하실 것이다.

나는 겨자씨의 믿음 상태를 생각했다. 그리고 나의 현실을 살펴보았다. 나는 가끔 주님께서 왜 나의 기도를 응답해 주시지 않는가 하는 조급함을 갖기도 했다. 그리고 성경에서 주님께서 구하는 자의 간구에 신속하게 응답하시지 않으시고 때로 무관심하신 것같이 보이는 구절들이 있다는 것을 발견했다.

예를 들어, 어떤 여인이 귀신들린 자기 딸을 고쳐달라고 간청했을 때, "예수님께서는 아무 대답도 하지 않으셨다"(마15:21-28, 막7:25-29)는 구절이다. 그러나 결국은 주님은 그녀의 딸을 치료해 주셨다.

왜 주님께서 지체하셨을까? 곧바로 그녀의 소원을 들으시지 않으시고 시간을 늦추셨던 것일까? 더구나 귀신이 들렸는데 말이다. 그 이유는 이렇다.

주님께서 치료를 지체하신 이유는 그 여인으로 하여금 강건한 믿음을 갖게 하기 위함이다. 그녀가 먼저 필요한 것은 겨자씨같이 적은 믿음이 아니라 겨자씨가 자라서 싹이 날 때까지 기다리시는 것이다.

그녀의 믿음이 강해져서 그녀가 주님의 도움을 받을 만큼 준비를 갖추도록 하시려는 데 있다. 주님께서 응답하시기 싫어서가 아니다. 인간이 천국을 받아들일만한 그릇이 준비되도록 하시고자 하시는 배려이다.

주님은 무한한 지혜와 자비로써 우리가 감당하지 못할 상황으로부터 우리를 지켜 주시는 분이시다. 주님은 인간의 고통에 대해

게으르게 가만히 계신 적이 없으시다. "이스라엘을 지키시는 분은 졸지도, 주무시지도 않으신다."고 했다.

마치 태양이 열과 빛을 자연만물에 언제나 주듯이 주님은 모든 선한 자나 악한 자에게 그분의 사랑과 지혜를 주시는 분이시다.

그러나 중요한 것은 천국은 품질로 결정한다는 점이다. 그러므로 기도는 부피가 아니라 품질로 주님께 들려 올려져야 한다. 그러므로 주님께서 지체하신 이유는 구하는 자의 인격을 영적으로 더 강건하게 해주고, 영적 강건함이 얼마나 더 값진 것인가를 알게 해주신다.

그러므로 인간 편에서 천국을 위해서 진정으로 필요한 것은 무엇인가? 그것은 인내이다. 비록 어려움이 오고 숨 막히는 듯한 고통이 찾아오지만 끝까지 참고 견뎌서 자신의 영적 방해물을 제거하고 천국에 열린 마음을 갖는 것이다. 즉, 악을 멀리하고 주님의 선하심을 갖기 위해 준비되어야 한다.

간질환자 마을의 어느 아버지와 헤어지고

제12부

의도위기

간음자를 만나다

나는 모래 언덕 사막 길을 걸었다. 눈을 뜰 수 없을 정도로 모래 바람이 거셌다.

나는 좀 더 걸어서 마을에 도달하였는데, '간음자의 마을' 이라는 커다란 현판을 보았다. 나는 이곳에 사는 자들의 모습을 살펴보았다.

어떤 이는 화장을 하여 조잡스런 얼굴 모양을 한 상태에서 머리 모양에만 신경 쓰면서 계속적으로 머리를 매만지고 있었고, 또 다른 이는 끊임없이 자신의 몸매를 거울 앞에 살피고 있었다. 옷을 이리저리 고르고 있는 사람, 서로 끌어안고 있는 자, 나무 밑에서 뒹굴고 있는 남녀, 동성 간에 입을 맞추고 있는 자들도 보였다.

나는 이곳에 지혜로운 자가 있는가를 찾았다. 마침 마을 입구에 지나가는 이들에게 하늘나라를 전하는 어느 전도자를 만나서 대화를 하게 되었다.

나는 그에게 "당신은 귀한 일을 하시는군요?"라고 말했다.

그는 "네, 나는 주님의 나라에 도달하는 방법을 가르쳐 주고자 이곳에서 전도를 하고 있습니다."

그는 이곳 사람들처럼 화장하지 않았고, 단정한 옷차림에 단순하고 담백한 느낌이 들었다.

나는 "나는 마음의 세계에서 진리를 얻고자 하는 나그네입니다. 부디 이곳 마을에 대해 알려 주시기를 부탁드립니다."

그는 "무엇이 알고 싶으신가요?"

나는 "마음의 세계에서 간음이란 무엇인가요?"

그는 "간음은 넓적다리가 타락한 것을 말합니다." (민5:21,27).

나는 "넓적다리?"

그는 "고대인들은 혼인 서약을 할 때 넓적다리 아래 손을 놓는 의식을 하였습니다. 아브라함이 늙은 종에게 넓적다리에 손을 두고 맹세하게 하였습니다." (창24:2).

나는 "마음의 세계에서 넓적다리는 무엇을 의미하나요?"

그는 "넓적다리는 선을 의미합니다. 야곱이 천사와 씨름할 때 넓적다리의 우묵한 곳을 건드려서 관절이 어긋났다고 했어요(창 32:25). 그 의미는 선과 진리의 결합이 깨졌다는 것을 말합니다."

나는 "네 검을 네 넓적다리에 차라.(시45:3)는 의미도 그런 뜻인가요?"

그는 "네 그것은 선을 가지고 있는 진리가 악에 대항하며 전투한다는 의미입니다." (계19:16).

나는 "그렇다면 간음은 어떤 문제가 발생한 것인가요?"

그는 "그것은 선에 악을 섞어 버린 것입니다. 그러니까 한마디로 간음은 넓적다리의 변질인데, 선이 변질된 것이라고 할 수 있습니다."

나는 "선이 변질되었다고요? 간음은 부부간에 약속을 어기고 다른 남자나 여자와 성관계를 맺는 것으로 알고 있는데, 그렇다면 무서운 일이네요."

그는 "그렇습니다. 간음은 부부간의 약속을 저버리고 혼인의 질서를 파괴하는 것입니다."

나는 "혼인의 질서요?"

그는 "네, 혼인의 질서는 하늘의 것입니다."

나는 "하늘의 것이라고요? 그렇다면 부부간의 혼인은 천국에서 비롯된 건가요?"

그는 "네, 혼인은 천국에서 비롯되었습니다. 그것은 마치 부모에게서 자녀가 태어나는 것과 같습니다."

나는 "점점 이해하기가 어렵네요?"

그는 "부모에게서 자녀가 태어나는 것과 같다는 말은 혼인을 통해서 천국에 들어올 백성을 생산하기 때문입니다."

나는 "아! 그렇군요. 그러니까 지상에서 혼인을 통해서 자녀가 생산되고 그 자녀가 천국에 들어오는 순환구조를 이루고 있군요. 알겠습니다."

나는 "그렇다면 간음을 해서든 어떻게 하든 자녀를 많이 생산하면 되겠네요?"

그는 "그것은 짐승들이나 하는 짓거리입니다. 짐승들은 질서 없이 본능적으로 행동합니다. 천국은 언제나 진리를 기반으로 사랑이 이루어지기 때문에 무질서가 허용되지 않습니다."

나는 "네 그래요? 그러면 간음은 천국의 질서에서 벗어난 행위이군요."

그는 "그렇습니다. 간음을 행하면 양심의 불이 들어오지 않습니

다. 누구든 간음을 자랑스럽게 행하지 않지요? 그것은 양심의 법
에서 어긋난다는 것을 말해주는 것입니다."

나는 "음, 간음이 천국의 질서를 어긴 것이면 간음자는 천국에
갈 수 없나요?"

그는 "네, 주님도 간음하는 자들은 천국에 들어오지 못한다고 하
셨어요. 간음자가 천국 가까이 가면 악취가 나서 곧바로 지옥으
로 쫓겨납니다."

나는 "아! 간음자는 천국에 사는 이들과 어울릴 수가 없군요."

그는 "간음자들은 천국에 사는 이들과는 절대 어울릴 수가 없어
요. 그들에게서 배설물과 같은 퀴퀴한 냄새가 나기 때문이지요."

나는 "그래서 사람들은 간음을 더러운 행위로 여기나요?"

그는 "그렇습니다. 십계명에는 간음하지 말라(출20:13)고 하셨습
니다. 바울도 혼인을 귀하게 여기고, 침소를 더럽히지 말고 하
였습니다. 음행하는 자와 간음하는 자는 하나님의 심판을 받을
것이라고 강조하였습니다."

나는 "이곳 마을에 사는 자들은 이 부분을 어떻게 생각하나요?"

그는 "이곳에 사는 자들은 배우자 외에 다른 자들과 성관계하는
것을 능력으로 여기고 있습니다. 그래서 간음을 능력 있는 자만

할 수 있는 것이며, 인생을 즐겨야 한다고 떠벌리고 있습니다."

나는 "간음이 능력이라고요? 기가 막히네요. 간음이 능력이라면 악마가 주는 능력이겠네요. 간음을 행할 수 있는 환경이 주어졌지만 진리를 이유로 행하지 않는 것이 능력이지 않나요?"

그는 "옳습니다."

나는 "사람이 이 땅에서 혼인하여 자녀를 낳아 기르고, 그 자녀가 바르게 자라서 혼인을 하도록 돕는 게 부모의 역할이라고 여깁니다. 간음은 그런 질서를 깨뜨리는 거지요?"

그는 "네, 그렇습니다. 혼인은 여러 사람들 앞에서 주례자가 남자와 여자가 하나라는 것을 공개적으로 선포하는 것입니다."

나는 "공개적으로요?"

그는 "네, 이제부터 신랑과 신부에게 자녀를 낳을 수 있는 권리를 허락해주는 것입니다."

나는 "혼인은 거룩한 예식인가요?"

그는 "네 혼인 예식은 거룩한 것입니다. 그렇게 때문에 사제나 목사가 하도록 해야 합니다."

나는 "그렇군요."

그는 "부부는 남자와 여자가 하나가 되어 자녀를 생산하는 관계입니다. 이것이 혼인의 질서입니다."

나는 "아! 그런데 사람들은 간음으로 부부간의 약속을 내팽개쳐 버리는군요. 그렇다면 간음은 천국에 들어가지 못하도록 막는 악마의 계략이기도 하겠네요."

그는 "네, 그렇습니다. 간음은 지옥에서 시작되었다고 하는 것입니다."

나는 "그러면 부부는 반드시 천국 질서 안에 있어야 하나요?"

그는 "네, 반드시 그렇습니다. 천국에는 일부일처의 부부가 존재합니다. 가만히 생각을 해보세요. 천국에서 남의 부인과 남편을 자유로 뺏는다고 생각해 보세요. 서로 뺏고 뺏기지 않으려고 온갖 일들이 벌어지지 않겠어요? 그곳에서 간음이 허락되고 횡행한다면 그것이 천국이겠어요?"

나는 "그러네요. 간음에 대해 좀 더 자세하게 알려주시기를 부탁드립니다. 오늘날 사람들은 간음에 대해 호기심을 가지고 있어서 이 부분을 명확하게 가르쳐서 잘못을 막아야 되겠네요."

그는 "맞습니다. 오늘날 세상이 어두워져서 모든 사람들이 쾌락과 만족의 길을 가고 있어요. 간음은 순간의 쾌락이 있지만 일단 그 관계가 이루어지면 한 가정이 진흙탕이 되고 맙니다."

나는 "어떻게요?"

그는 "간음을 행하는 자는 그 관계를 계속적으로 유지하기 위해 끊임없이 거짓말을 합니다. 그리고 불안과 쾌락이 뒤섞여서 이미 마음에는 지옥이 형성됩니다. 그러니까 자기 행위를 들킬까 봐 불안하고, 그 불안을 해소하기 위해 쾌락을 반복하게 됩니다. 이것이 간음의 사이클입니다."

나는 "일종의 악순환이군요."

그는 "이런 사이클로만 끝나지 않습니다. 악은 악의 새끼를 칩니다. 그래서 시간이 지나면서 대상자는 바뀌게 됩니다. 마음에는 간음 습관이 형성되어서 더 이상 끊을 수 없는 지경에 이르게 됩니다. 그는 대상자를 여러 명 만나면서 돌아가면서 그 일을 은밀하게 행하면서 어떻게 하든 변명거리를 만듭니다. 자신이 이럴 수밖에 없는 이유를 만드는데, 주로 배우자를 나쁜 사람으로 만듭니다. 그리고는 특별한 이유가 있어서 한 행위이므로 주님도 용서하실 것이라고 말합니다."

나는 "그리고요?"

그는 "이런 짓을 계속하면 양심이 마비가 되는데 여자의 경우에는 자신의 몸을 미끼로 두려움 없이 상대방의 돈을 갈취합니다."

나는 "그들의 모습이 어떤가요?"

그는 "그런 짓을 하는 자는 내면이 더러워져서 그것을 덮기 위해 끊임없이 거울을 쳐다보거나 머리카락을 만지는 행동을 합니다. 얼굴은 정욕에 일그러져 있습니다. 그들의 눈동자는 독사처럼 변해 버립니다. 이미 지옥에 들어갈 준비를 하고 있는 것과 같습니다."

나는 "만일 배우자가 알게 될 경우에 그 배우자가 당할 고통은 너무 심하겠군요? 그리고 그 자녀가 무엇을 보고 배울까요?"

그는 "그들이 당하는 고통은 이루 형용하기 어렵습니다. 그러나 선한 자와 악한 자의 대처 방법이 다릅니다."

나는 "어떻게요?"

그는 "선한 자는 어떻게 하든 간음자를 진리로 인도하고자 애씁니다. 그러나 악한 자는 상대방을 죽이려 들겠지요."

나는 "너무나 처절하고 무섭고 두렵습니다. 간음자는 왜 외모에만 신경을 쓸까요?"

그는 "간음자들의 외모를 치장하는 행위는 모두 내면이 더러워진 것을 포장하기 위한 행동에 지나지 않습니다. 이들은 자기 내면을 들여다보고자 하지 않습니다. 이미 양심은 무너져 내렸고,

마음은 지옥이 왕 노릇하고 있기 때문입니다. 이런 자들이 천국에 들어갈 수 있습니까? 천국의 백성과 어울릴 수가 있겠어요?"

나는 "그렇다면 부부관계가 깨지지 않도록 조심해야 되겠군요."

그는 "네 그렇습니다. 간음이 들어오면 혼인의 순수함과 거룩함이 없어지고 진흙탕 같은 싸움만 일어납니다. 대신에 추하고 더러운 오물을 덮어 쓰게 됩니다. 그것으로 냉기가 흐르고 부부 사랑은 말살됩니다."

나는 "이렇게 되는 근본 원인이 무엇인가요?"

그는 "지옥에서 불어오는 호색적 쾌락의 바람을 쐬어서 그렇습니다."

나는 "사람들은 간음이 주는 매혹적인 면에 반하는 것으로 알고 있습니다."

그는 "그렇습니다. 간음은 대단히 매혹적입니다. 그러나 간음은 다른 악보다 더 파괴적인 것을 알아야 합니다. 간음은 가정과 사회, 도덕적, 종교적 미덕을 즉각 파괴하는 강한 적입니다."

나는 "그렇군요. 간음하는 사람은 어떻게 되지요?"

그는 "혼인은 천국의 신성한 제도입니다. 혼인은 천국과 영원히 하나가 되도록 의도된 제도입니다. 간음을 범하는 사람은 천국과 연결되는 통로가 차단되는 결과를 가져오게 됩니다."

나는 "네, 천국과 교통이 끊어지나요?"

그는 "네, 그렇습니다. 주님은 덧붙여서 누구든지 여자를 보고 음란한 생각을 품는 사람은 벌써 마음으로 그 여자를 범했다고 까지 하셨습니다."

나는 "그러면 음란한 생각은 탐욕인데 탐욕이 간음이 되나요?"

그는 "네, 만일 은밀하게 간음의 탐욕을 가진다면 이미 마음에서 간음을 범한 것이 됩니다. 왜냐하면 주님은 의도를 중요하게 여기시기 때문입니다."

나는 "그렇지만 누구에게나 그런 욕망이 있지 않나요?"

그는 "네 있지요. 그러나 욕망을 가지고 있더라도 모두 마음에서 찬성하거나 의도하는 것은 아닙니다. 욕망이 자극해도 이성이 판단할 수 있거든요. 범죄의 기회가 왔다고 해도 반드시 죄로 연결되지는 않습니다."

나는 "그러면 마음의 세계에서 간음의 의미는 무엇입니까?"

그는 "간음은 생명의 원리를 뒤집어 버리는 것입니다."

나는 "생명의 원리는 무엇입니까?"

그는 "부부는 남편과 아내로 구성되지요? 마음의 세계에서 남편은 진리를, 아내는 선을 상징합니다. 영적 생명의 원리는 선과 진리가 연합하여 짝을 이루는 것입니다."

나는 "그러면 간음은 그 반대가 되겠네요?"

그는 "네, 간음은 진리와 거짓, 선과 악, 혹은 천국과 지옥이 뒤섞이도록 하기 때문에 진리의 모독이고 선의 모독이 되는 것입니다. 그러므로 혼인을 더럽히는 것은 진리를 위반하는 것이고, 시민법에도 위배되는 것이며 나아가서 이성에 속한 순수한 빛에도 반대됩니다."

나는 "그런 깊은 뜻이 있군요. 무섭습니다."

그는 "성경에는 큰 음녀가 받을 심판을 네게 보이리라 땅의 임금들도 그와 더불어 음행하였고 땅에 사는 자들도 그 음행의 포도주에 취하였다(계17:1-3)고 하였어요."

나는 "무슨 뜻인가요?"

그는 "큰 음녀가 심판되는 것을 네게 보여줄 것이라는 뜻은 진리를 모독하는 거짓된 믿음에 관한 경고입니다. 땅의 임금이 그와 더불어 음행했다는 뜻은 땅의 임금은 진리를 의미합니다. 그러니까 진리와 거짓이 섞였다는 뜻입니다. 음행의 포도주에 취했다는 뜻은 광신적 믿음을 가진 자들이 진리를 거짓과 섞어 행하는 악에 대해 경고하고 있습니다."

나는 "아! 진리가 거짓으로 망가지는 군요."

그는 "개인적인 음란은 영혼의 죄입니다. 고로 육체적 악은 영혼의 악이 나타난 것입니다. 음란은 영혼의 상태입니다. 그런고로 여인을 보되 음란한 생각을 품을 경우는 영혼의 죄와 육체적인 죄 둘 다 범하게 되는 것입니다."

나는 "그러면 간음자들은 어떻게 되나요?"

그는 "그들이 머물 곳은 지옥입니다. 지옥은 배설물과 같습니다. 간음자들은 배설물의 더러운 냄새를 오히려 감미롭게 느낍니다. 지옥은 옥외 변소입니다."

나는 "아! 옥외 변소라고요? 그만큼 찌꺼기라는 말이지요?"

그는 "네, 그렇습니다. 결혼은 진리와 선의 결합입니다. 마음의 세계에서 아내는 선에 관한 원리, 남편은 진리에 관한 원리를 말합니다. 이것은 부부간에 존재하는 질서이지요. 그런고로 부부간의 혼인은 천국을 구성하고, 간음은 지옥을 구성합니다."

나는 "그러면 간음은 천국에 살던 자가 지옥으로 자신의 몸을 내던지는 꼴이군요."

그는 "네 그렇습니다."

나는 "그러면 순결한 아내와 부정한 아내의 차이는 무엇인가
요?"

그는 "순결한 아내는 주님의 신실한 신부로서 교회이고, 부정한
아내는 세상을 사랑함으로 썩어버린 교회에 관한 상징입니다.
자신의 남편 외에 다른 사람을 받아들인 아내는 이미 선이 부패
되어 악이 점령하게 된 것을 의미합니다."

나는 "그러면 간음하는 자들은 악령들과 교통하나요?"

그는 "당연히 그렇습니다. 그들은 지옥을 왕래하는 악령들과 더
불어 살아갑니다. 영들은 자기와 같은 종류의 영과 교통합니다.
사람이 그때 당시에는 쾌락의 즐거움에 도취되어 있어서 아무리
좋은 말로 포장할지라도 간음의 영과 함께 있는 것입니다."

나는 "결국 악령이 지배하는군요?"

그는 "네, 간음은 겉으로는 매혹적이기 때문에 호기심을 자극하
지만, 실제로는 가증스럽고 극악무도한 것입니다. 짐승으로 말
하자면 양의 탈을 쓴 늑대와 같습니다."

나는 "아! 무섭군요."

그는 "악령은 강한 태풍이 부는 것과 같습니다. 바람이 계속적으
로 그 사람에게 부는 한 그 영들은 착 달라붙어서 떨어지지 않습

니다."

나는 "그리고 어떻게 되나요?"

그는 "간음하는 자는 자신의 악취 때문에 천국에 가까이 가지 못하고, 지옥에 자기 몸을 내던집니다."

나는 "그러면 간음에도 종류가 있습니까?"

그는 "간음에는 세 종류가 있습니다."

나는 "그래요? 어떤 종류이죠?"

그는 "단순 간음, 쌍방 간음, 삼중 간음이 있습니다."

나는 "간음이 한 가지만 있는 게 아니군요. 종류가 다양하군요."

그는 "네, 그것은 마치 지옥이 다양한 것과 같습니다."

나는 "단순 간음이 무엇인가요?"

그는 "단순 간음은 총각과 유부녀, 처녀와 유부남의 관계를 말합니다."

나는 "쌍방 간음은 무엇인가요?"

그는 "유부남과 유부녀의 관계입니다."

나는 "삼중 간음은 무엇인가요?"

그는 "근친상간을 말합니다."

나는 "아! 간음은 정말로 잔인하군요. 혈족이나 친척과 그런 짓을 하다니"

그는 "네 삼중간음은 악한 정도가 쌍방 간음보다 세 배가 더 심합니다. 레위기서에는 이를 금하고 있습니다." (레18:6-17).

나는 "그러니까 간음은 사람이 짐승이 되는 것이군요."

그는 "간음은 개인들이 저지르는 범죄입니다. 그러기 때문에 상황과 우연성이 있습니다. 거기에 따라 등차가 있는 것입니다."

나는 "등차가 있다고요? 무엇으로 등차를 나누나요?"

그는 "의도와 이해에 따라서 등차를 구별합니다."

나는 "첫 번째 등차는 무엇인가요?"

그는 "첫째는 무지나 판단력이 부족한 사람들에 의해 저질러진 경우입니다. 미숙한 소년, 만취 상태, 정신착란에 의해 간음을 범한 경우입니다."

나는 "마음의 세계에서는 이런 자들의 간음을 어떻게 판단하나요?"

그는 "이들의 행위는 이해의 수준에 따라서 처리됩니다. 그러니까 간음을 피하는 정도에 따라서 경중이 처리됩니다."

나는 "둘째는요?"

그는 "우발적인 정욕에 의한 간음입니다. 정욕이 불같이 일어나서 마음을 압도해 버려서 저지르게 되는 경우입니다. 분위기에 휩쓸려 달콤한 유혹에 넘어가 의지가 흥분하여 범하게 된 경우입니다."

나는 "이런 경우에는 어떻게 평가되나요?"

그는 "이 경우에 그가 지지하는 정도에 따라 평가됩니다. 초기에는 우연한 기회에 정욕에 휩싸여 간음을 저지르게 되더라도 시간이 지나면서 스스로 합리화하거나 행위를 지지하기도 합니다."

나는 "셋째는요?"

그는 "이해적 간음입니다. 그러니까 간음의 확신 정도에 따라서 평가하는 것입니다. 사람은 혼인을 귀중하게 여기면 여길수록 간음을 비난하게 됩니다. 그러나 간음을 좋아하면 혼인을 무가치하게 여깁니다. 그런 확신에 따라 정도 차이가 있습니다."

나는 "그러니까 마음의 세계에서는 쾌락과 즐거움의 등차가 명료하군요."

그는 "그렇지요. 혼인을 귀중하게 여기면 마음이 천국을 향하게 되고, 간음을 좋아하면 지옥으로 향하게 됩니다."

나는 "넷째는요?"

그는 "가장 중증인데 의도적 간음입니다. 의도는 하나의 목표입니다. 가장 질이 안 좋은 간음입니다."

나는 "아! 간음에는 질적인 문제가 있군요."

그는 "그렇습니다. 이해적 간음과 의도적 간음은 그 양과 질에 따라 악의 범주가 나타납니다. 그래서 간음의 의도가 제거된다면 행위를 멈출 것입니다. 행위로 저지른 간음은 이해와 의도의 양과 질에 따라 평가됩니다."

나는 "그래서 여자를 보고 음욕을 품는 사람은 이미 마음으로 그 여자를 범하였다고 하는 건가요?" (마5:27-28).

그는 "맞습니다. 잘 보셨습니다. 의도가 그 속에 숨어 있기 때문입니다. 겉으로는 간음이 드러나지 않지만 마음의 세계에서는 그것이 아주 명료합니다."

나는 "그러면 행위로 간음을 저지르지 않아도 간음이 될 수 있나요?"

그는 "당연합니다. 왜냐하면 간음의 행위를 하지 않는 이유는 그에 따른 처벌과 명예실추, 성병, 아내의 잔소리, 건강문제, 성 불능으로 간음을 멀리하는 사람들도 있기 때문입니다."

나는 "어떤 이유가 있더라도 간음을 하지 않는 것은 좋은 것 아닌가요?"

그는 "하하! 아직 마음의 세계를 모르는군요. 외적 행위로는 깨끗하더라도 마음의 세계에서는 의지와 이해가 중요하거든요. 비록 육신으로는 간음을 범하지 않았지만 이미 마음에는 간음을 범한 것입니다."

나는 "왜 그렇죠?"

그는 "이런 자들은 영혼의 본래의 모습이 드러날 때 간음을 지지하기 때문입니다."

나는 "아! 그렇군요. 주님은 중심을 보신다고 하셨죠?"

그는 "관능적인 인간들은 정욕의 쾌락을 만끽하고자 몸부림을 치면서 배우자의 눈을 피해 뱀과 같이 간교하게 온갖 짓을 서슴없이 하고 다닙니다. 얼마나 이기적인지 모릅니다. 그러나 이들의 마음은 더러운 악취로 가득하고 이후에 주님의 심판을 면할 길이 없습니다."

영적 의미에서 결혼은 선에 관한 원리와 남편은 진리에 관한 원리가 하나된 것이다. 그런 의미에서 결혼은 천국을 구성하고, 간음은 지옥을 구성한다. 순결한 아내는 주님의 순수하고 신실한 것이고 부정한 아내는 세상에 속한 것을 상징한다.

간음 마을의 어느 전도자와 헤어지고

분노하는 자를 만나다

주변에 신풍나무가 줄서서 늘어져 있다. 신풍나무는 너도밤나무에 가까운 나무이다. 신풍나무는 주로 목재와 기름으로 사용된다. 목재는 밤나무보다는 덜 단단하지만 다른 나무에 비해 질기기 때문에 울타리나 가구에 쓰인다.

신풍나무는 1억 5천만 년 전에 지상에 출현했다고 한다. 신풍나무 뿌리가 단단한 것은 마치 자녀를 위해 견디어 내는 부모의 마음과 같다고 할 수 있다.

나는 분주하게 사람들이 다니는 모습을 보았다. 나는 마을입구의 '분노자의 마을'이라고 쓰여진 현판을 보았다. 도시에 사는 사람들은 모두 신경질적인 모습을 보여 주었고 강박적이고 기계적으로 고정된 관념에 찌들려 있었다.

나는 지나는 사람과 잠시 대화를 하였는데, 그는 성공해야 된다는 신념에 사로잡혀 있었다.

그는 일단 세상에서 성공만 한다면 모든 잘못과 실수는 용서받을 수 있다는 이론을 전개하였다. 그가 말하는 성공이란 대개 돈을 많이 번다든가 권력을 얻는 것 또는 좋은 배우자를 얻는 것이었다.

이들은 인생의 목표를 성공에 두었고 치열한 경쟁으로 낙오되지 않으려고 몸부림치고 있었다. 이들의 얼굴에는 긴장감이 감돌았고 쉼과 여유란 느껴지지 않았다. 이곳은 마치 1등만 살아남는 그런 세상과 같았다.

나는 이 사람과 헤어지고 지혜로운 자를 찾았다. 여기저기 수소문을 한 결과 햇빛이 드는 작고 초라한 오두막집에 도착하였다. 나는 이 집을 보면서 알렉산더 대왕에게 빛을 가리지 말라고 하였던 그리스의 철학자 디오게네스가 떠올랐다.

나는 쉼 호흡을 하고 그 집 문을 두들겼다. 나의 문 두드리는 소리에 머리가 희고 키가 작고 둥근 얼굴에 눈이 반짝거리는 한 중년 남자가 나왔다.

174

나는 그에게 "나는 마음의 세계에 다니면서 진리를 구하고 있습니다. 여기저기 방문하여 지혜로운 자를 찾았더니 사람들이 당신을 소개해 주어서 이렇게 뵙습니다. 좋은 조언을 부탁드립니다."

그는 나에게 커피를 대접하더니 입을 열었다. "무엇이 알고 싶습니까?"

나는 "이곳 마을 현판을 보니 분노자의 마을이라고 쓴 것을 보았습니다. 분노란 무엇을 말합니까?"

그는 "분노는 적개심을 드러낸 것을 말합니다."

나는 "아! 적개심이요?"

그는 "네, 성경에는 분노에 대한 이야기가 많습니다."

나는 "성경의 한 예를 알려 주시겠습니까?"

그는 "주님을 죽이려 했던 헤롯의 분노를 알려 드리지요."

나는 "아기 예수를 죽이려 했던 그 헤롯이요?"

그는 "네 그렇습니다. 그 이야기는 이렇습니다. 아기 예수께서 태어나실 당시에 동방 박사들은 새로 태어난 별을 보았습니다. 그 별이 구세주 탄생을 표시한다는 것을 알고는 예루살렘에 있는 헤롯에게 찾아왔습니다."

나는 "예루살렘이요?"

그는 "그렇습니다. 그들은 유대인의 왕으로 나신 분이 어디 계시냐고 물었습니다. 박사들이 오게 된 연유 때문에 헤롯 왕이 당황하고 온통 예루살렘이 술렁거렸다고 했습니다. 그 이유는 헤롯이 분노했기 때문입니다."

나는 "헤롯이 분노했다고요? 자기 왕좌를 뺏길까봐 분노했을까요? 갓난아이가 자기에게 무엇을 할 수 있다고 분노했나요?"

그는 "그 부분이 외적으로 보면 이해가 안 되는 부분입니다. 갓난아이가 헤롯의 정치적인 적수가 되지 못하거든요."

나는 "그들의 마음속에 양심이 있다면 갓난아이를 죽일 수 있었을까요?"

그는 "절대로 죽일 수 없습니다. 그것은 헤롯의 마음속에 어떤 자신의 이기심에 해가 될 만한 일이 벌어졌기 때문입니다. 이에 대한 적개심이 발동한 것입니다."

나는 "이기심을 방어하기 위한 적개심이요?"

그는 "마음의 세계는 이기심의 영역이 있습니다. 그 속에 악이 들어 있습니다. 이기심이 행동으로 튀어 나오지 않아도 마음에서부터 이기심이 술렁거리기 시작합니다."

나는 "그러니까 이기심이 악을 들고 일어난 것이군요?"

그는 "네, 왜냐하면 헤롯의 영역에 순수 선이 등장하였기 때문입니다."

나는 "아기 예수님을 말씀하신 것인가요?"

그는 "네 그렇습니다. 순수 선의 등장으로 악이 소동을 하면서 일어난 것입니다."

나는 "그러니까 악이 숨어 있다가 그 모습을 드러낸 것이군요. 그렇다면 이성이나 양심도 그 사실을 감지할 수 있었겠군요."

그는 "잘 보셨습니다."

나는 "악이 모습을 드러내면 그 다음에는 어떤 일이 벌어지나요?"

그는 "사실 알고 보면, 마음속의 악이 모습을 드러내는 것은 결국 선을 위해서입니다."

나는 "선을 위해서?"

그는 "네, 선은 마음의 세계에서 악으로 하여금 봉기하게 합니다. 하지만 이성과 양심은 예민하게 그것을 금방 알아차립니다."

나는 "아 그런가요? 그렇다면 한바탕 싸움이 벌어지겠군요."

그는 "그렇습니다. 싸움이 일어납니다. 악의 모습이 보일 때 악을 몰아낼 수 있습니다."

나는 "만일 선이 악을 몰아내지 못하면 어떻게 되나요?"

그는 "사람의 마음에 악을 몰아내지 못하면 선이 박탈당하게 되지요."

나는 "아! 그렇군요."

그는 "동방박사의 출현으로 헤롯과 백성들이 술렁거리는 모습은 마음속에 구세주 샛별이 떠올라서 이기심이 어쩔 줄 몰라 하는 상태와 같습니다."

나는 "하! 그런 원리가 숨어 있었군요. 그러면 헤롯은 악의 세력을 말하는 거네요. 헤롯이 어떻게 했지요?"

그는 "헤롯은 사제들과 율법학자들을 다 모아 놓고 그리스도께서 나실 곳이 어디냐고 물었습니다."

나는 '헤롯이 그리스도라고 말하는 것은 구세주를 의미하지요?"

그는 "네"

나는 "헤롯이 사제와 율법학자에게 물어본다는 것은 한판 붙자는 뜻인가요?"

그는 "그렇습니다. 악이 선을 대적하는 것입니다."

나는 "대사제와 율법학자는 말씀을 해석하는 사람들이죠?"

그는 "그렇습니다. 악은 이기심을 위해 지식을 이용합니다. 헤롯이 사제들에게 그리스도가 어디서 탄생하게 되는가를 물었을 때 그들은 유다 베들레헴이라고 대답하였어요."

나는 "마음의 세계에서 베들레헴은 무슨 의미가 있나요?"

그는 "거듭남의 장소입니다. 그곳은 주님이 탄생하는 곳입니다. 그리고 헤롯은 동방박사들을 아무도 모르게 불러서는 별이 나타난 때를 자세하게 알아보았어요."

나는 "왜요?"

그는 "동방박사들을 개인적으로 불러 그 때를 물어본 헤롯의 속셈은 구세주를 죽이려는 계획입니다."

나는 "구세주를 죽인다고요? 마음의 세계에서는 무엇을 의미하지요?"

그는 "진리의 소멸을 말합니다. 신을 섬기느니 죽이겠다는 것입니다."

나는 "헤롯이 그다음에는?"

그는 "헤롯은 간사하게 동방박사에게 자신도 가서 경배 하고자 하니 찾거든 알려달라고 했어요. 하지만 그 말은 주님의 모든 것을 송두리째 파괴하려는 계산이 깔려 있습니다."

나는 "그렇다면 아기 예수가 위험하지 않나요?"

그는 "그렇죠. 그러나 주님은 사악한 헤롯의 음모를 저지코자 다른 방법을 동원하십니다. 박사들이 떠난 후에 천사가 요셉의 꿈에 나타나서 헤롯이 아기를 찾아 죽이려하니 어서 일어나 아기와 아기 어머니를 데리고 이집트로 피신하라고 일러주었습니다."

나는 "다행이네요. 참으로 주님은 세밀하신 분이시군요."

그는 "이집트 피신은 주님의 생애중의 하나입니다. 이 사건은 깊은 의미가 들어 있습니다."

나는 "주님이 헤롯의 분노를 피해 왜 이집트로 도망하셔야만 했을까요? 열두 군단도 넘는 천사를 동원해 간단히 보호하실 수도 있고, 지상의 어느 권세도 그분을 해치는 것은 불가능한 데 말입니다."

그는 "이집트 피신은 영적 의미가 있습니다. 이스라엘 백성이 이집트에서 400년간 종살이하고 해방된 적이 있었죠? 주님이 이집트로 피신하신 사건도 이스라엘의 긴 역사만큼 의미심장합니다."

나는 "그래요?"

그는 "고대 세계는 가나안 지역을 중심에 두고 다른 나라들은 그 주변에 위치했습니다. 마음의 세계에서 이집트는 문명의 발달기준이 되는 과학적 지식을 의미합니다.

나는 "마음의 세계에서 이집트는 과학적 지식을 의미하는 군요."

그는 "네, 자연 과학적 지식을 의미합니다. 우리 주님께서 어린 시절 이집트로 피난하신 것은 그분에게 외적 지식의 습득이 시작되었다는 것을 표현한 것입니다."

나는 "아! 그런 뜻이 있군요. 그곳에서 얼마동안 머무나요?"

그는 "천사는 요셉에게 알려줄 때까지 거기서 머무르라고 지시합니다."

나는 "아! 그런 방법으로 악의 소동을 피했군요. 헤롯의 분노에 대해 잘 들었습니다. 그런데 마음의 세계에서 분노는 어떤 의미가 있나요?"

그는 "마음의 세계에서 분노는 살인입니다. 왜냐하면 분노는 살인을 유발시키기 때문입니다."

나는 '분노는 살인을 불러오는군요. 그래서 두 살 이하의 갓난아기들을 죽였군요. 성경에 자기 형제에게 이유 없이 성을 내는 사람은 누구나 재판을 받아야 한다는 구절이 있어요(마5:22). 마음의 세계에서는 사람이 성내면 재판관에게 가서 판결을 받아야 하나요?"

그는 "분노를 냈을 때 재판관에게 와야 하는 이유는 마음의 상태를 살펴보기 위해서입니다. 재판관은 분노하는 자에게 살인의 의도가 있는지를 살펴봅니다."

나는 "마음의 세계에서 분노는 살인과 같은 범죄에 해당하나요?"

그는 "맞습니다. 분노를 방치하면 살인으로 종결됩니다."

나는 "분노가 이렇게 무서운 줄을 몰랐습니다. 그런데 사람들은 분노를 억압의 분출로 보고 있습니다. 오랫동안 참고 있다가 폭발했다고 여깁니다. 그래서 분노는 터트려줘야 한다고 말하는데요?"

그는 "마음에 분노는 규모가 크든 작든 선을 의도적으로 거절합니다. 그래서 형제에게 라고 한 것은 분노가 이웃사랑에 반대 된다는 것을 의미하기 때문입니다."

나는 "분노가 이웃사랑에 반대된다고요? 만일 어떤 사람이 갑자기 공격을 해서 폭력을 행사할 경우에 분노한다면 그것도 이웃사랑에 반대되어 재판을 받아야 하나요?"

그는 "그런 경우에는 다릅니다. 재판관은 마음 상태를 본다고 이미 말했지요? 왜냐하면 악에 대항해서 발생하는 분노는 그 원인이 사라질 경우 분노도 연기같이 사라지기 때문입니다. 이런 경우의 분노는 자기보호 차원이기 때문에 이웃사랑과 결부됩니다. 그러나 그가 만일 복수한다면 살인의 의도와 함께 고통이 수반됩니다."

나는 "악을 보고 분노할 경우에는?"

그는 "사람을 보고 분노하는 것이 아니라 악을 보고 분노할 경우인데요. 이런 분노는 분노라기보다는 하나의 열정이라고 보는 편이 낫습니다. 그 이유는 선을 사랑해서 발생한 분노이기 때문입니다."

나는 "아! 그러니까 분노는 의도의 문제이군요."

그는 "주님께서 손이 오그라든 사람에게 탄식하시며 분노하셨다고 했습니다(막3:5). 이 경우 영혼에 대한 탄식으로 분노하게 된 것입니다. 이런 분노는 사랑에 해당되지요. 그러나 사랑이나 선에서 비롯되지 않은 무자비한 분노는 진리가 살인자에게 내리는 심판과 동등한 수준의 처벌을 받습니다."

나는 "아 그렇군요. 그동안 제가 무지했습니다."

그는 "두 번째 분노가 있습니다."

나는 "두 번째요?"

그는 "이웃사랑에 반대되는 분노의 두 번째 수준은 자기 형제에게 '라가' 라고 하는 것입니다. 그 말은 히브리말로 '쓸모없는 놈' 이란 뜻입니다. 아주 경멸하는 말이지요."

나는 "보통 그 정도 욕은 보통 하지 않나요?"

그는 "쓸모없는 놈이라는 욕을 한 것보다 더 중요한 것이 있습니다. 그것은 형제라는 단어에는 이웃사랑의 원리가 들어있고, 그 욕에는 이웃을 경멸하는 태도가 들어 있기 때문입니다. 그러니까 냉소의 태도가 문제입니다. 이웃사랑을 거절하였기 때문입니다."

나는 "마음의 세계에서 이웃사랑이 아닌 것은 법정에 넘겨지는군요. 앞으로 조심해야 되겠네요."

그는 "주님은 형제에게 라가라고 말하는 자에게 생명의 손실을 막기 위해서 하신 말씀입니다. 이웃사랑에 반대하여 살면 영원한 삶에 해가 되기 때문입니다."

나는 "그러한 말씀이 더 있나요?"

그는 "하하! 더 있습니다."

나는 "갈수록 걱정되고 마음이 심란해집니다."

그는 "주님께서 한 가지 더 첨가하시고 계십니다. 자기 형제를 가리켜 '바보' 라고 하는 사람은 지옥 불에 던져질 것이라고 하셨습니다."

나는 "바보요?"

그는 "마음의 세계에서 바보는 더 이상 좋아질 가망이 없다고 여겨지는 자를 두고 하는 말입니다. 그러니까 형제를 바보라고 부르는 것은 악으로 정죄하는 행위입니다. 이것도 이웃사랑에 반대되는 상태입니다."

나는 "그러면 지옥 불에 들어가나요?"

그는 "네, 지옥 불의 처벌을 받습니다."

나는 "지옥 불의 처벌은 어떤 처벌이지요?"

그는 "이 벌은 전혀 경험해보지 못했던 무서운 고통입니다. 이런 고통은 다른 사람에게 피해를 주고자 하는 악한 의도 때문에 받는 처벌인데, 그 속에는 분노가 있습니다."

나는 "그런데 왜 그런 고통에 자신들을 내던질까요?"

그는 "악의 소원을 가진 자들이 모여 있다고 생각해 보세요. 그들은 남들이 망가지는 것을 보고 싶어 합니다. 그들은 처음에는 무척 친절하게 반기지만 분노를 가지고 서로 망가지도록 하기 위해 공격합니다."

나는 "그러면 서로 자기네들끼리 싸우는 거네요."

그는 "그렇지요. 그들은 점차적으로 폭력의 강도를 높여서 상대방을 더 깊은 지옥 안으로 밀어 넣으려고 시도합니다."

나는 "더 깊은 지옥에는 누가 있을까요?"

그는 "더 깊은 지옥에 들어 갈수록 사악한 영들이 있습니다. 결국 그들은 노예로 전락되고 맙니다."

나는 "그러면 평화가 이루어지나요?"

그는 "천만에요. 그곳에서는 언제나 반역이 끊이지 않습니다. 그들은 언제나 자기가 가장 중요한 사람이 되기를 원해서 분노를 가지고 상대방을 대적하기 때문입니다."

나는 "이런 일이 반복된다면 그곳이야말로 엄청난 고통이 따라오겠군요."

그는 "이런 일은 계속됩니다. 이런 지옥의 고통을 지옥불이라고 합니다."

나는 "들을수록 무섭군요."

그는 "그러므로 마음에 이웃사랑에 반대되는 분노가 들어오지 못하도록 계속 감시하고 있어야 합니다."

나는 "중요한 것은 이웃사랑이군요."

그는 "네, 이웃사랑은 천국의 품위입니다. 주님 사랑과 이웃 사랑이 삶의 원리로 자리를 잡을 때까지 계속되어야 합니다. 그렇게 함으로써 재판을 받거나 법정에 넘겨지거나 지옥 불에 던져지는 것을 피할 수 있습니다. 그렇게 해야만 천국의 구성원으로 살아갈 수 있습니다."

나는 "그렇다면 앞으로 자신의 자아를 검증해야 하겠네요."

그는 "한 가지 더 있습니다."

나는 "더 있어요?"

그는 "제단에 예물을 드리려 할 때에 너에게 원한을 품고 있는 형제가 생각나거든 그 예물을 제단 앞에 두고, 먼저 그를 찾아가 화해하고 나서 돌아와 예물을 드리라고 했어요."(마5:23-24).

나는 "항상 그 말씀이 궁금했어요. 가르쳐 주시기를 부탁드립니다."

그는 "예물을 제단으로 가져온다는 것은 삶의 기도와 찬양으로 그분께 존경을 드리는 것입니다. 이럴 때 우리에게 원한을 품고 있는 형제가 생각나는 것은 우리의 태도를 말합니다. 그러니까 이웃사랑이 없으면 주님을 예배할 수 없다는 것을 알아야 한다는 뜻입니다."

나는 "형제! 그러니까 이웃 사랑 없이 분노하는 마음을 가지면 주님이 기뻐하시는 예배를 드릴 수 없다는 말씀인가요?"

그는 "그렇습니다."

나는 "그런데 왜 예물을 제단 앞에 두라고 했나요?"

그는 "주님께서 예물을 치워버리라고 하지 않았어요. 그것은 예배하러 온 사람들이기 때문입니다. 비록 잘못이 있더라도 악이 사라질 때까지 기다리라는 뜻입니다."

나는 "아! 그렇군요. 한 가지 깨달았어요. 첫째는 제단 앞에 나와야 하는 것과 둘째는 진리의 빛으로 자기 상태를 점검하라는 의미이군요."

그는 "한 가지 더 있어요."

나는 "또 있어요?"

그는 "고소자와 함께 법정으로 갈 때에는 도중에서 얼른 화해하라고 하였어요."(마5:25).

나는 "왜 그렇지요?"

그는 "만일 우리가 법정까지 갈 경우 그 재판은 우리에게 불리해

지기 때문입니다. 그래서 법정까지 가지 말고 고소자와 합의를

보라는 것입니다."

나는 "어떻게 합의를 보라는 의미이지요?"

그는 "먼저 형제 즉 이웃사랑을 하지 못한 원인을 제거해야 합니

다."

나는 "그리고요?"

그는 "고소자의 요구를 충족시켜주는 것입니다."

나는 "고소자가 무엇을 요구하는데요?"

그는 "고소자는 진리를 요구합니다."

나는 "아! 그러면 진리에 순종하라는 의미이군요?"

그는 "맞습니다. 아직 시간적 여유가 있을 때 재빠르게 고소자와

합의를 보아야 합니다."

나는 "왜 그렇죠?"

그는 "진리는 언제나 선을 요구합니다. 진리와 선은 언제나 함께

합니다. 만일 진리만 요구한다고 가정해본다면 우리는 정죄만

있을 것입니다. 고소자와 합의를 본다는 말은 평화를 유지할 수

있는 기회가 있다는 것입니다."

나는 "고소자와 함께 길을 가는 중이라는 뜻은 무엇이지요?"

그는 "길은 진리로부터 가르침을 받는 상태를 뜻합니다."

나는 "아! 참으로 많은 것을 배웁니다. 이제야 분노를 품지 말고 화해하라고 말씀하시는 것을 알았습니다. 아까 말하실 때 분노를 마음의 살인이라고 하신 말을 기억합니다. 분노에는 적개심이 들어 있는 것도 배웠습니다. 그런데 우리 마음에 분노가 떠오르면 어떻게 하지요?"

그는 "만일 분노가 일어날 때 단호하게 막지 않으면 분노는 타인뿐만 아니라 자신에게도 공격을 합니다."

나는 "어떤 이는 상처받은 과거 생각에 집착해서 스스로 분노를 키우던데요?"

그는 "그것은 분노의 영을 불러들이는 중입니다."

나는 "분노는 악령과 같군요?"

그는 "맞습니다. 지옥에서 사람에게 들어오는 악령의 통로입니다."

나는 "사람이 분노를 불러들이게 되면 흥분해서 알지 못하는 힘이 생기고 입에서는 불평이 쏟아지는 모습이 마치 천둥 번개와 우박이 쏟아지는 것과 같습니다."

그는 "그렇습니다. 우박이 쏟아지면 농작물이 파괴되듯이 그런 현상은 이미 생명의 파괴가 시작된 것입니다."

나는 "생명은 무엇이지요?"

그는 "생명은 사랑과 진리입니다."

나는 "아 그렇군요. 마음의 세계의 사랑과 진리가 적개심과 살인으로 망가지는군요. 그러면 도대체 적개심이 있는 분노는 근원지가 어디입니까? 어디서 오는 건가요?"

그는 "적개심이 있는 분노는 모두 지옥으로부터 시작됩니다."

나는 "아! 무섭습니다. 그러면 분노를 대적해야 하겠네요."

그는 "그렇지요. 당연합니다. 적개심을 대적하는 길은 이웃 사랑밖에 없습니다" (마5:43-46).

나는 적개심은 언제나 악을 흥분시켜 진리를 대적한다는 사실을 알게 되었다. 그리하여 헤롯이 갓난아이를 죽이듯이 순진무구한 마음을 무너뜨리고 주님을 대적한다. 나는 내안에 적개심의 분노가 올라올 것이 두려웠다. 만일 내안에 적개심이 올라온다면 불쌍히 여기는 마음과 사랑으로 그 머리를 밟아야 할 것이다. 이것이 진리를 따르는 자들이 가져야할 자세이다.

분노 마을의 지혜자와 헤어지고

미치광이를 만나다

길가에 하늘 높이 솟은 커다란 백향목이 서 있었다. 백향목은 거목으로 자라며 견고하고 잎 새가 넓고 푸른 층을 이루며 하늘을 향해 높게 질서정연하게 오른다.

이사야는 백향목을 높고 높은 나무(사2:13)라고 불렀다. 성경에는 "의인은 종려나무같이 번성하고 레바논의 백향목같이 발육하리로다"(시92:12)고 하였다. 이 나무는 높은 이치를 향해 오르는 총명한 마음을 상징한다.

자연 현상을 통해 진리를 보는 것은 대단히 지혜로운 마음이다.

나는 백향목을 뒤로 두고 어느 마을에 들어섰다. 그곳에는 '미치광이의 마을' 이라는 현판이 눈에 띄었다. 나는 기분이 썩 좋지 않았지만 자세하게 알아보고자 마을 입구에 가까이 다가갔다.

그곳에는 혼자서 껄껄대고 웃는 사람, 벽에 기대고 넋을 잃고 앉아있는 사람, 하늘을 향해서 혼자서 욕을 해대고 있는 사람, 혼자서 중얼대는 사람 등이 있었다.

나는 현판에 미치광이 마을이라는 점을 상기하며 그들 중 대화가 통할 수 있는 사람을 찾아보았다. 나는 어렵게 여기저기를 다니면서 다행히 침착하게 생긴 어느 분을 만났는데, 그는 이곳에서 미치광이를 도와주고 있는 중이라고 자신을 소개하였다.

나는 그에게 "나는 진리를 찾아다니는 여행자입니다. 이곳 마을의 형편을 알려 주시기를 바랍니다."

그는 "어서 오세요. 무엇을 도와 드릴까요?"

나는 "당신이 하시는 일은 무엇인가요?"

그는 "나는 미치광이들이 진리의 세계에 들어오도록 이끌어 주고 있습니다."

나는 "이들의 정신이 진리 안에 돌아올 수 있는 가능성이 있나요?"

그는 "네, 가끔 이성이 돌아오기도 합니다. 마치 소낙비가 쏟아지지만 잠깐이라도 햇빛이 비춰기도 합니다. 우리는 그때를 이용합니다."

나는 "수고하시는군요. 당신과 같은 일을 하는 분들이 있나요?"

그는 "네 있습니다. 심리학자와 정신분석학자들이 있습니다. 그들도 많은 수고를 합니다."

나는 "그들과 당신이 무엇이 다릅니까?"

그는 "다릅니다. 그들은 주님의 진리보다는 어떻게 하든 증상을 해결하고자 합니다."

나는 "어떻게 증상을 해결하지요?"

그는 "그들은 여러 종류의 기법을 사용합니다. 그 종류가 수백 가지가 넘습니다."

나는 "크게 말하면?"

그는 "에릭번 학파의 경우에는 미치광이를 자아의 균열상태로 봅니다. 자아의 기능 중에 어느 한 가지 기능에 치우친 상태로 봅니다. 예를 들어 욕하는 사람을 보셨지요? 그는 비판하는 기능에만 충실한 것으로 보지요. 웃는 사람은 자유로운 아이의 기능이 작동한 것으로 봅니다."

나는 "아! 그러니까 부분적 자아의 기능에 치우친 것이군요."

그는 "네, 그리고 프로이드 학파의 경우에는 이들을 정신분열증으로 보는데, 무의식의 세계에 있던 어떤 요소가 튀어나온 것을 의식이 통제하지 못한 것으로 이해합니다."

나는 "사람을 이해하는 각도에 따라 다르게 해석하는군요."

그는 "그렇습니다. 어떤 학파는 뇌의 문제로 보기도 하고, 습관의 문제로 보고, 생각이 잘못된 것으로 보기도 하고 다양한 관점으로 접근합니다."

나는 "아! 정말로 학문을 통해서 인간을 도와주고자 하는 시도는 다양하군요. 그런데 나는 진리를 알고자 합니다. 나는 진리를 찾고자 마음의 세계를 다니고 있는 중입니다. 당신은 이런 증상을 무엇으로 보고 있나요? 당신은 미쳤다는 말을 어떻게 알고 있습니까?"

그는 "우리는 진리의 눈으로 이 문제를 보고 진리로써 도와주고자 애를 씁니다."

나는 "그렇군요."

그는 "궁금한 부분이 있으면 물어보세요."

나는 "유대인들은 주님을 향해 마귀가 들렸다고 말하고, 미친 사람의 말을 무엇 때문에 듣느냐고 소리를 쳤어요. 주님을 향해 그런 말을 하다니 제 정신이 아닙니다. 왜 그런 말을 했을까요?"

그는 "악한 자들은 언제나 질서를 뒤집는 것을 좋아합니다. 그래서 선을 악이라고 말하고 지혜를 미쳤다고 말합니다."

나는 "성경에는 정신질환을 미쳤다고 말하나요?"

그는 "네 그렇습니다. 당시에는 정신질환을 단순하게 미쳤다고 말합니다."

나는 "흔히 미쳤다는 말은 어떤 일에 큰 충격을 받았을 때 마음의 균형을 잃고 흔들릴 경우를 말하는 것으로 알고 있습니다. 보통 정신의학적으로 말하면 정신분열증, 조울증, 신경증, 편집증 같은 정신 병리적인 것을 미치광이의 증상이라고 보는 것으로 알고 있습니다."

그는 "현대과학으로는 정신의학이 발달되어 여러 가지로 분류하지만 성경에는 대개 미쳤다는 말로 증상을 표현합니다."

나는 "일반적으로 정신의학에서는 그 원인을 가족관계에서 어린 시절 부모의 양육태도를 통해서 온 것으로 봅니다. 성경에는 그 원인을 뭐라고 하나요?"

그는 "심리학에서는 일반적으로 부모의 양육방식이나 관계에서 문제의 원인을 찾습니다. 그렇게 하다보면 부모도 역시 피해자로 보기도 합니다. 결국 모든 인생이 피해자가 되고 마는 것이지요."

나는 "그러면 당신은 어떤 원인으로 봅니까?"

그는 "성경에서 미쳤다는 말은 더러운 욕망이 파고들어 진실된 삶을 망치게 된 것을 말합니다."

나는 "더러운 욕망이 삶을 망친다고요?"

그는 "네, 정신의학에서는 삶을 망친다는 것을 현실에 적응하기 어려운 것으로 말하지만 성경은 진리에서 어긋나는 삶을 의미합니다."

나는 "네 척도가 다르군요."

그는 "성경이 말하는 미치광이의 증상은 거짓으로 진리를 짓밟아 뭉개는 현상입니다."

나는 "그러면 악의 세력이 이들을 조종한다는 말인가요? 어떻게요?"

그는 "어떤 경우에는 환상을 써서 조종합니다."

나는 "환상이요?"

그는 "예언자들이나 선지자들은 하늘의 사물을 볼 수 있었습니다. 그런 상태를 환상이라고 합니다. 그러나 악령은 거짓 환상을 보게 합니다."

나는 "또 있나요?"

그는 "전혀 현실과 다른 영역에 머물게 만듭니다. 마치 다른 세상에 사는 것과 같습니다. 그래서 비현실적인 말을 하게 되는 것입니다."

나는 "또 있나요?"

그는 "악령은 언제나 거짓으로 설득하고 속입니다. 그리고 탐닉하는 본성에 몸을 맡기도록 유도합니다."

나는 "아! 무섭군요."

그는 "이런 질병에 빠져 버린 자들은 언제나 현실적, 논리적이고 실제적이지 않은 상태에 머물게 됩니다. 그래서 그들은 한 가지에 치우치거나 환청과 환각 작용을 갖게 됩니다. 그들의 언어는 현실적이지 않은 다른 시스템을 갖게 됩니다."

나는 "그렇군요. 마음의 세계에서는 왜 이런 일이 발생하지요?"

그는 "그 원인은 의지와 이해의 충돌에서 옵니다. 의지와 이해가 충돌 되어 이상적 세계와 현실 세계의 균형을 잃어버린 상태가 된 것입니다."

나는 "음. 그렇다면 마치 생태계의 파괴로 자연 만물의 부조화와 불균형이 일어나듯이 마음의 세계에서도 이와 같은 현상이 일어난 건가요?"

그는 "네 자연과학자들이 이 소리를 들으면 믿지 않겠지만요. 자연세계에서 나무에 불이 붙어서 완전 소각되려면 바람과 재료와 기름과 산소가 적당하게 배합이 되어서 타오르게 되지요? 그러나 어떤 물질은 연소할 때 시꺼먼 연기가 하늘로 치솟는 경우가 있습니다."

나는 "마음도 그런 현상이라는 말인가요?"

그는 "네, 모든 것이 조화를 이루어야 하는데, 마음상태가 불연소하는 것처럼 조화롭지 못한 것입니다. 만일 이렇게 된다면 생명의 불꽃을 기대할 수가 없습니다."

나는 "아! 생명의 불꽃?"

그는 "네, 태양에서 빛과 열기가 자연만물에 비치듯이 마음의 생명의 불꽃이 마음의 만물에 비치는 거지요."

나는 "마음이라면 이해와 의지를 두고 말하는 거지요? 그러면 미치광이는 마음의 세계에서 이해와 의지의 투쟁이군요."

그는 "그렇습니다."

나는 "알 듯 모를 듯 하네요. 그러면 동양인과 서양인 둘 중 어느 편이 정신병리가 많은가요?"

그는 "혈기왕성한 쪽이죠."

나는 "그렇다면 기질적으로 서양인이 많겠군요. 그러면 성경에 미치광이에 대해 기록된 구절이 있나요?"

그는 "성경에는 일곱 머리를 가지고 있다(계12:3)는 표현이 나오는데 좋은 뜻으로 머리는 지혜를 의미하지만 나쁜 의미로는 진리를 왜곡하고 모독하는 것을 의미합니다. 이는 미치광이라고 말할 수 있습니다."

나는 "이 그렇군요."

그는 "일곱 머리는 거짓된 광기를 의미합니다."

나는 술 취한 자들처럼 광기에 도취된 자를 보았다. 그들은 신성을 자기 자만심에 혼합시켜 왜곡되게 진리를 모독하고 망가뜨리는 짓을 하면서도 부끄러운 줄을 모르고 훈계와 조롱하기를 그치지 않았다. 마치 전갈의 독침을 맞은 듯 무언가에 홀린 듯이 살고 있으며 어리석은 자를 미혹했다. 또한 진실되지 못하게 세상에 의지하여 동조자를 찾아다니면서 자신들이야말로 가장 주님을 잘 믿고 있는 듯이 행동했으며 그런 말을 서슴없이 내 뱉었다. 주님은 열매로 그 나무를 안다고 했는데, 이들의 열매는 썩은 껍데기만 매달려 있는 썩은 나무와 같았다.

미치광이 마을에서 영혼을 도와주는 자와 헤어지고

의심하는 자를 만나다

나는 길을 걷다가 의심하는 자의 마을에 들어서게 되었다. 나는 누구와 대화를 할까 고민하다가 길을 지나가는 어떤 사람과 대화를 하였다. 그는 의심하는 자들을 천국으로 인도하기 위해 진리의 믿음을 갖도록 도와주는 전도자 였다.

나는 그에게 다가가서 얼굴에 웃음을 띠고는 말을 했다. "나는 마음의 세계에서 진리를 얻고자 여행 중입니다. 그러다가 의심하는 마을에 오게 되었습니다. 이 마을에 대해 알려 주시기를 바랍니다."

그러자 그는 환영한다는 표시를 하고는 자리를 잡고 나를 쳐다보았다.

나는 그에게 물었다. "마음의 세계에서 의심은 무엇을 말합니까?"

그는 "마음의 세계에서 의심은 한마디로 잠든 상태를 의미합니다. 주님께서 비유로 말씀하셨어요. 미련한 처녀와 지혜로운 처녀에 대해서 말입니다. 그들이 신랑을 기다리다가 졸며 잤다고 하였는데 그것을 의심이라고 말할 수 있습니다."(마25:1-13).

나는 "아! 그러니까 졸며 잔다는 의미는 신랑이 언제 올지 몰라서 의심하는 상태이군요. 그렇다면 지혜로운 처녀의 의심과 미련한 처녀의 의심이 다른 것 아닌가요?"

그는 "다릅니다. 지혜로운 처녀의 의심은 긍정적 확신 속에 들어 있는 의심이고, 미련한 처녀는 부정적인 것 안에 있는 의심입니다."

나는 "의심에도 품질이 있군요."

그는 "그러면 의심은 왜 생기는 것일까요?"

그는 "의심의 발단은 하나님을 시험하는 것입니다(마4:7). 인간이 의심을 통해서 주님의 능력에 도전하는 것입니다."

나는 의심이야말로 주님을 대적하는 무서운 죄악이라는 것을 이제야 알게 되었다. 마치 매사에 남편의 선의를 의심하는 부인처럼, 의심은 주님의 사랑을 부정하는 것이 되기 때문이다. 그것은 에덴동산의 하와가 주님의 말씀을 의심했던 데서부터 죄악이 시작되었기 때문이다.

의심은 지식과 믿음 사이에 존재한다. 의심이 무서운 것은 그 자체가 또 다른 거짓된 믿음을 생산하기 때문이다. 그래서 의심하는 자들은 자신의 의심이 완벽한 진리인양 주장하면서 상대방을 정죄하기에 이른다. 그렇다면 의심하는 자들을 무엇으로 그 마음을 바꿀 것인가? 그러므로 결국 의심이라는 수단을 통해 하나님께 도전한다는 말이 맞다. 우리의 희망은 완전한 사랑이 두려움을 떨쳐 내듯이, 완전한 믿음으로 의심을 내던지도록 하는 것이다.

나는 "그렇다면 반대로 자신이 잘못된 일을 하면서도 마치 하나님이 도와주셨다고 떠벌리는 경우는 또 다른 의심이 아닙니까? 이런 경우에도 하나님을 시험하는 것 아닌가요?"

그는 "그런 경우는 하나님을 모독하는 것이라고 말해야 더 옳습니다."

나는 "아 그렇군요."

그는 "주님께서 주 너의 하나님을 시험하지 말라고 하신 것은 의심을 넘어서 하나님의 존재 자체를 부정하지 말라는 것까지 포함합니다."

나는 의심에 대한 말을 들을수록 마치 지하 갱도를 파고 들어가는 느낌이 들었다. 그래서 좀 더 깊이 있게 질문하기로 했다.

나는 "제자들이 주님과 함께 갈릴리 바다에서 배를 타고 있었던 적이 있었습니다. 그때 바다에 거센 풍랑이 일어났습니다. 그때 제자들은 두려워했습니다. 제자들은 주님을 깨웠고 주님은 제자에게 왜 의심하느냐면서 책망하셨습니다."(눅8:22-25).

그는 "풍랑은 정신적이고 영적인 환란입니다. 거센 풍랑은 어둠의 나라에서 온 의심을 의미합니다. 거센 풍랑은 악한 열정의 풍랑이라고 말할 수 있습니다. 그때 예수께서 주무시고 계셨다는 것은 시험의 풍랑이 있지만 내적으로는 평화가 있는 마음 상태를 말합니다."

나는 "그렇지만 제자들은 광풍이 몰아쳐서 마음이 급했습니다."

그는 "제자들은 믿음이 연약해서 그렇습니다."

나는 "광풍이 호수 위에 내리쳐서 배에 물이 들어왔다는 말은 시험을 말하나요?"

그는 "그렇습니다. 시험뿐만 아니라 거짓이 침입해 들어왔다는 뜻입니다. 믿음은 시험이라는 수단으로 확증됩니다."

나는 "제자들은 주님께서 성난 시험을 잠재울 수 있다고 믿었나요?"

그는 "그렇습니다. 시험의 불을 끄실 수 있는 분으로 여겨 구조를 요청했습니다. 그래서 제자들은 주님, 살려주십시오. 우리가 죽게 되었습니다라고 외칩니다."

나는 "살려달라고요?"

그는 "자신이 죽을 수밖에 없는 죄인임을 느껴서 구세주의 도움을 요청하는 것입니다. 이것은 마음 안에 구세주가 계시지 않고는 불가능합니다."

나는 "그때 제자들의 마음이 어떠했나요?"

그는 "주님이 함께 계셨지만 제자들은 깊은 고독과 외로움을 느꼈습니다. 고독과 외로움은 사랑을 절실하게 만듭니다."

나는 "제자들의 외침은 믿음이 부족한 탓인가요?"

그는 "시험에 대한 두려움은 믿음의 부족에 근거를 두고 있습니다. 시험받을 때 두려움이 있다면 믿음이 얼마나 허술한지를 암시합니다. 그러니까 믿음이 빛을 잃어 어둡게 된 결과입니다."

나는 "아! 두려움은 믿음의 부족에서 생긴 것이군요?"

그는 "두려움은 주님의 섭리를 믿지 못하는 의심의 생산물입니다. 그래서 주님은 왜 그렇게 겁이 많으냐? 하고 우리에게 묻고 계십니다."

나는 "만일 시험당할 때 주님은 나의 힘이시라고 말한다면?"

그는 "그렇다면 내가 무엇을 두려워하겠는가? 하고 말할 수 있습니다."

나는 "주님은 시험의 풍랑 중에 있는 우리에게 믿음을 물어보시는군요?"

그는 "풍랑의 위협은 믿음의 상태가 어떤지를 알게 해주고, 또 어디로 가야할 지를 알게 해줍니다."

나는 "예수께서 일어나서서 바람과 바다를 꾸짖으셨지요?"

그는 "네, 그렇습니다. 사납게 날뛰는 것을 평화롭게 하셨습니다. 그 결과 아주 고요해졌습니다."

나는 "결국 주님께서 풍랑을 잔잔하게 하셨군요."

그는 "네, 영혼의 악이 잠잠해졌습니다. 주님께서 일어나셨기 때문입니다."

나는 "베드로가 물 위를 걸어가다가 거센 바람을 보고 물속에 빠진 일이 있어요."(마14:29-30).

그는 "베드로가 배 위에 있을 때는 자신만만했습니다. 그러나 배에서 내려 사나운 바다 위에 발바닥이 닿는 순간 그의 마음은 콩 알같이 작아져서 의심이 생겨 물에 빠지고 말았습니다."

나는 "아! 마치 베드로는 내 모습과 비슷해요."

그는 "우리가 세상을 살아갈 때 시험에 직면하게 됩니다. 주님은 세상에서 환난이 있다고 하셨습니다. 지식적인 믿음은 몇 걸음 정도는 걸을 수 있지만 거센 바람이 불어오면 견딜 수 없습니다."

나는 "그래서 베드로가 주님께 살려달라고 외쳤나요?'

그는 "네, 그때 주님은 손을 내밀어 그를 붙잡아 주셨습니다. 그리고 왜 의심을 품었느냐? 그렇게도 믿음이 약하냐고 책망하셨습니다."

나는 "베드로가 물에 빠진 것도 믿음이 약한 연고인가요?'

그는 "네, 만일 베드로의 믿음이 충분히 강했다면 바다 위를 걸었을 것입니다."

나는 "주님이 물위를 걸어오라고 허락하셨는데도 물속에 빠진 것은 의심이 있기 때문이군요."

그는 "주님과 베드로가 함께 배에 오르자 바람이 그쳤습니다."

나는 "무슨 의미이지요?'

그는 "우리가 주님의 진리 안에 들어갈 때 거짓이라는 반대 세력은 꺾이게 됩니다."

나는 "네! 그렇군요. 진리 안에 들어가기를 힘써야 되겠네요."

그는 "주님께서 너희가 의심하지 않고 믿는다면 이 산더러 들려서 바다에 빠져라 하더라도 그대로 될 것이라고 하셨습니다."

나는 "무슨 의미인가요?"

그는 "주님의 말씀에는 의미심장한 지혜가 담겨 있습니다. 바다는 지옥을 의미합니다. 산이 바다에 던져짐은 악이 지옥에 던져지는 것을 뜻합니다."

나는 "무엇을 믿어야 던질 수 있지요?"

그는 "그것은 악의 근원지가 지옥이라는 것을 믿는 것입니다. 그럴 때 악을 지옥에 던질 수 있습니다."

나는 "모든 악이 지옥에서 오고, 모든 선이 천국에서 온다는 것을 분별해서 믿는 것이군요? 만일 그런 분별력이 없다면?"

그는 "그 사람은 악을 악으로 보지 않을 것이고 선을 선이라고 보지 않을 것입니다. 그저 세상만사를 과학적 원리나 우연의 산물로 볼 것입니다. 그런 자들은 자신의 행동을 감정적으로 이해하여 화가 나면 그럴 수도 있지 뭐 하는 식으로 말합니다."

자신의 악한 행동을 지옥에서 온 것으로 보지 않고 그럴 수밖에 없었다는 식으로 말하는 이들이 얼마나 많은가? 그때 당시에는 그럴만한 이유가 있어서 그랬다고 적당하게 핑계를 댄다. 인간은 변명과 핑계를 만들어내는 전문가들이다. 얼마나 비열한 수작으로 자신의 행위를 포장하는지 실로 감탄할 정도이다. 그러나 세밀하신 주님은 그의 비밀스런 행동과 의도를 계산하고 계신다. 사실 그런 핑계를 만들어내는 것조차도 지옥의 산물이다.

나는 "악을 바다에 던질 수 있나요?"

그는 "반드시 악을 마음에서 제거하고자 하는 의지가 있을 때만 악을 버릴 수 있습니다. 그래서 믿음이 필요한 것입니다."

나는 "주님께서 기도할 때에 믿고 구하는 것은 무엇이든지 다 받을 것이라고 했는데, 그것은 무슨 의미가 있나요?"

그는 "악을 던지는 것과 더불어 선을 받아들이는 것에 관해서 하신 말씀입니다."

나는 "아! 믿는다는 말은 악을 먼저 던지고 선을 받아들여야 한다는 의미이군요."

그는 "네, 그렇습니다."

나는 "거듭남의 순서 같군요."

그는 "그렇습니다. 선이 자기 것이 되기 전에 먼저 악을 내던져야 합니다."

나는 "그런데 오늘날 교인들은 그렇게 생각하지 않습니다. 악의 제거를 먼저 생각하지 않습니다."

그는 "네, 그런 자들은 선과 악과 관계없이 무조건 무엇이든지 믿음만 있으면 구하는 것을 받을 것이라고 확신하는 것은 광신도들의 열광에 불과합니다. 야고보도 말했지 않나요? 정욕으로 구하면 받을 수 없다고요."

나는 "그러면 기도를 다시 생각해야 되겠군요. 기도는 무엇인가요?"

그는 "기도는 주님께서 우리 안에서 일하시는 것입니다. 정말로 주님께서 우리 안에서 선을 행하기 원하신다면 그분의 뜻대로 구해야 합니다. 우리 안에서 일하시는 분이 주님이기 때문입니다. 우리가 선을 구해야만 그 기도는 하나님께 올리는 향이 됩니다."

의심하는 마을의 그분과 헤어지고

불평하는 자를 만나다

마음의 세계는 언제나 진실만 존재하고 거짓이 불가능한 세계이다. 그러므로 그 누구도 거짓으로 말할 수 없고 남을 속일 수도 없다. 마음의 세계는 선과 악 혹은 빛과 어둠의 시스템이 작동하는 세계이다. 그러므로 마음의 세계는 선과 진리의 상태에 따라 다양한 변화가 있다. 하루에 아침과 저녁이 있듯이 사랑이 강할 때와 지혜가 밝은 때가 있는가하면 사랑과 지혜가 상대적으로 약할 때도 있다.

마음의 세계에서 이런 변화가 있어야 하는 이유는 늘 똑같은 상태에만 있다면 진정한 기쁨과 행복을 느끼지 못하기 때문이다. 변화는 자아에서 벗어나게 하며 새로운 삶을 향한 추구를 가져온다.

이런 생각을 하면서 걷는 동안 어느 마을에 도착했다. 먼저 무슨 마을인지 알아보고자 현판을 찾아보았다. 한쪽 구석에 '불평자의 마을'이라고 쓰인 글을 보았다.

불평자의 마을은 불평하는 자들이 모여 사는 곳인가 하고 생각하였다. 돌이켜 보면 나도 삶에서 만족하였던 적이 그리 많지 않았다. 우선 사람들에 대해서 만족하지 못했고, 환경에 대해서 그리고 나 자신의 무능력을 한탄하였다. 부끄럽게도 나도 불평자 마을의 일원이 될 만한 자격이 있다고 생각했다.

나는 이곳에서 팔각정에서 불평자들에게 만족의 비결을 지도하고 있는 어느 선생을 만났다. 나는 그에게 찾아가 정중하게 인사를 하고는 "나는 마음의 세계에 진리를 찾고 있습니다. 이곳 마을에 대해 알려주시기를 부탁드립니다."

그는 "무엇이 알고 싶나요?"

나는 "불평하는 자 중에 가장 첫째로 숭배하는 사람은 누구인가요?"

그는 "가룟 유다입니다."

나는 "가룟 유다는 탐욕자인 줄 알았더니 불평자가 되기도 하는군요."

그는 "네, 그는 탐욕과 불평 둘 다 가지고 있었습니다. 불평자 중에 가장 먼저 꼽을 수 있는 사람은 가룟 유다입니다. 그는 주님께 향유를 부은 여자의 행동에 대해 가난한 사람들에게 나눠줄 수 있는 향유를 낭비했다고 불평했습니다."(요12:4-6).

나는 "그것이 불평할 일이 아닌데요. 왜 불평했을까요?"

그는 "사실 그는 돈주머니를 맡아 가지고 늘 꺼내 쓰곤 하였는데, 여인의 향유를 판다면 더 많은 선행을 할 수 있을 거라고 하면서 투덜거렸습니다."

나는 "그 말은 가룟 유다가 이웃을 생각해서 한 말 아닌가요?"

그는 "그런데 우리는 이것을 기억해야 합니다. 향유를 주님께 부은 여인은 주님을 가장 먼저 생각했다는 점입니다. 그러나 유다는 주님보다 이웃을 먼저 생각했습니다."

나는 "그렇다면 우선순위 문제인가요?"

그는 "그렇습니다. 우리는 가끔 기도나 성경공부나 묵상의 시간을 아까워하기도 합니다. 차라리 이 시간에 나가서 한 푼이라도 벌어서 가난한 자를 위해 구제하는 편이 낫지 않은가? 내가 시간을 허비하는 것이 아닌가? 라고 생각할 때가 있습니다."

나는 "하나님은 그런 것을 원하시지 않나요?"

그는 "아닙니다. 그런 말들이 모두 틀린 말은 아닙니다. 그러나 이웃 사랑도 결국 주님 사랑에서 오는 것임을 알아야 합니다."

나는 "네, 그 말씀을 들으니 그렇군요."

그는 "엘리야가 사렙다 과부에게 기적을 베풀기 전에 이런 말을 했어요. 음식을 만들어 나에게 먼저 한 조각 가져오고 그 후에 아들과 함께 들도록 하시오." (왕상17:13).

나는 "아! 그러니까 먼저 하나님을 섬겨야 한다는 말씀이군요."

그는 "하나님께서 이스라엘 백성들에게 수확하기 전에 먼저 햇 곡식을 그분께 바치도록 요구하셨고, 이삭은 가난한 백성을 위해 줍지 말도록 명령하셨습니다."

나는 "그건 왜지요?"

그는 "먼저 곡식을 주시는 분을 인정하는 것이 중요하기 때문입니다."

나는 "주님께 향유를 부은 여인의 행위는 무슨 의미이지요?"

그는 "여인이 주님의 머리에 향유를 붓는 것은 교회와 주님이 하나임을 예시하는 것입니다."

나는 "아! 그렇군요."

그는 "사람들이 주님께 불평했던 사건이 또 있습니다."

나는 "언제요?"

그는 "주님께서 자신을 하늘에서 내려온 떡이라고 하였을 때, 그 말씀에 못마땅해서 사람들이 웅성거렸습니다."

나는 "아! 그분을 하늘에서 내려온 떡으로 인정하기가 힘들었군요."

그는 "아마도 그럴 것입니다. 사람들은 주님을 자신들과 동일하게 취급했으니까요."

나는 "그런데 그들은 주님의 권능을 보았지 않나요?"

그는 "물론 유대인들은 그분의 권능으로 생산한 떡을 먹었습니다. 그러나 영혼의 배고픔을 위해 떡을 주시는 분이라는 사실을 인정하기는 어려웠습니다."

나는 "오늘날에도 영적인 사실에 대해 웅성거리고, 교회에 관련되는 것은 무엇이든 못마땅해서 중얼거리는 자들이 많습니다."

그는 "사람들은 주님이 본질적 선이라는 데 의심을 가지고 웅성거립니다. 당시에도 마찬가지입니다. 그래서 그들은 말합니다. 아니, 저 사람은 요셉의 아들 예수가 아닌가? 그의 부모도 우리가 다 알고 있는데 자기가 하늘에서 내려 왔다니 말이 되는가 하면서 웅성댔습니다."

나는 "주님을 요셉의 아들 정도로 말하는 사람들에게는 자신을 하늘로부터 내려왔다고 하니 상상할 수도 없었겠지요?"

그는 "네, 그들은 그분의 권능을 보았는데도 불구하고 그분을 죽이기로 작정했습니다."

나는 "주님의 권능을 보았는데도 불구하고요?"

그는 "네, 인간들은 주님을 자기 수준으로 밖에는 생각하지 못했습니다."

나는 "그러면 유대인들이 뒷전에서 중얼거리고 불평하는 소리를 주님이 들으셨겠군요?" (요 6:43).

그는 "네 주님은 그 말을 들으시고 너희들끼리 수군거리지 말라고 하셨어요."

나는 "아! 그 말씀도 우리가 들어야 할 말씀이군요."

그는 "맞습니다. 우리들도 마음으로 수군거리는 것이 중단되어야 합니다. 마음의 세계에서는 그 말이 다 드러납니다."

나는 "본질적으로 그들은 왜 불평했을까요?"

그는 "네, 진리의 가르침에 대해 불평하는 이유는 단 한가지입니다. 진리의 법칙에 종속되고 싶지 않아서입니다."

나는 "그 법을 지키면 불이익이 되나요?"

그는 "그들은 아마도 그렇다고 여기는 듯싶습니다. 왜냐하면 그 법칙을 지키면 즉각적으로 혜택을 보상해주지 않기 때문입니다."

나는 "주님은 그런 자들에게 어떻게 하시나요?"

그는 "주님은 자신이 하늘로부터 내려 왔다는 것과 그분이 신성하시다는 주제를 놓고 그들과 왈가왈부하는 대신에 그들의 마음에 진리를 들을 준비가 되도록 하십니다. 그래서 그들의 초조함을 누그러지게 하십니다."

나는 "주님께서 무엇을 말씀하셨지요?"

그는 "주님은 유대인들의 불평은 과거 그들의 조상들이 광야에서 했던 불평이라고 말씀하시고 그런 결과는 결국 멸망에 이른다고 일러주십니다."

나는 "그리고요?"

그는 "주님은 불평의 배경을 말씀하시고는 참된 믿음의 근원도 알려주십니다. 나를 보내신 아버지께서 이끌어 주시지 않으면 아무도 내게 올 수 없다고 하십니다."

나는 "그 의미는 무엇인가요?"

그는 "아버지는 사랑이고 아들은 지혜를 의미합니다. 주님 사랑 없이는 지혜 되신 분께 나올 수 없다는 의미입니다."

나는 "아! 그러니까 주님께 나오려면 주님 사랑의 동기가 있어야 하는군요?"

그는 "네, 어떤 자는 높아지려고 하거나 자기 이익을 챙기고자 그분께로 옵니다. 오늘날 이런 동기를 가지고 교회에 나오고 있으니 참으로 한심합니다."

나는 "아! 그 말씀을 들으니 생각납니다. 정말로 안타까운 것은 내 주변에 이기심으로 종교를 이용하는 자들이 많습니다."

그는 "그들도 주님을 따릅니다. 그러나 그들은 주님의 선하심과 지혜를 경험해서가 아닙니다. 그들이 물고기와 떡을 먹었기 때문입니다. 물질적인 만족을 얻었기 때문입니다."

나는 "그런 비천한 동기로 주님을 따른다면 하늘나라의 일을 망치는 것 아닌가요?"

그는 "맞습니다. 이런 동기를 가지고서는 그분께 나아갈 수 없습니다. 주님을 사랑하는 자만이 그분을 따를 수 있는 것입니다."

나는 "그렇지만 그들도 믿음이 있다는 말을 하는데요?"

그는 "진정한 믿음은 주님 사랑에서 나옵니다."

나는 "믿음은 사랑의 결과라는 말인가요?"

그는 "그렇습니다. 그러므로 머리가 아니라 가슴에 사랑이 있어야 합니다."

나는 "아! 저도 주님을 사랑합니다. 그렇다면 어떻게 주님 사랑을 가질 수 있나요?"

그는 "우리를 주님께로 인도하시는 사랑은 하나님의 선물입니다. 그러나 하나님은 이 사랑을 강요나 억지로 주시지 않습니다. 그것을 받아들이는 것은 그릇에 따라 다릅니다. 그것은 개인의 자유의지입니다."

나는 "만일 그 사랑을 받아들이면 어떻게 되나요?"

그는 "주님 사랑은 마음속에 존재하는 모든 것을 살게 합니다. 태양이 악한 자나 선한 자에게 모두 비추고 따뜻하게 하는 것처럼 말입니다. 마음속에 존재하는 자연적, 도덕적, 영적인 영역에 걸쳐 영향을 줍니다."

나는 "그 사랑을 받지 않으면요?"

그는 "태양이 자연만물에 모두 똑같이 비추지만 썩어 있는 것은 더 부패하게 됩니다. 그러나 살아 있는 것은 더 활력이 넘칩니다."

나는 "아! 그렇군요. 참으로 위대하십니다. 그러면 어떻게 해야 주님사랑을 받을 수 있지요?'

그는 "그것은 주님 사랑을 받고자하는 마음이 준비될 때 언제나 주십니다. 가장 중요한 사실은 먼저 악이 제거되어야 합니다."

나는 "그러니까 악은 주님 사랑을 막는 방해꾼이군요? 어떻게 해야 악을 제거할 수 있나요?'

그는 "악이 제거되려면 먼저 주님께 순수한 의도를 가져야 합니다.주님이 원하시는 사랑은 순수한 사랑입니다."

나는 '네, 그렇군요. 순수한 사랑이군요."

그는 "주님은 이런 말씀도 하셨습니다. 내가 이 세상을 떠나 높이 들리게 될 때 모든 사람을 이끌어 나에게 오게 할 것이다."(요 12:32).

나는 "높이 들리게 된다는 말은 주님을 먼저 우선을 생각한다는 의미이지요?'

그는 "그렇습니다."

나는 "그래도 사람들은 주님께 불평을 했지요?'

그는 '네, 왜냐하면 주님은 자신을 떡이라고만 하시지 않고, 자신의 살이라고 하셨기 때문입니다. 유대인들이 이 말씀을 듣고는 이 사람이 어떻게 자기 살을 우리들에게 먹으라고 줄 수 있다는 말인가 하면서 웅성거렸습니다."

나는 "그들은 말끝마다 불평을 하는군요? 주님은 무슨 의미로 그 말씀을 하셨을까요? 살은 무슨 의미이지요? 떡과 살은 무슨 연관이 있나요?"

그는 "주님께서 주시는 떡을 먹는 것은 죽음을 면하는 것이고 살을 먹음은 생명을 받는 것입니다."

나는 "죽음을 면한다는 것과 생명을 받는 것은 별개인가요?"

그는 "네 그렇습니다. 마음의 세계에서 죽음을 면하는 것은 악의 제거이고, 생명을 받는 것은 선의 수용을 말합니다."

나는 "어느 것이 먼저인가요?"

그는 "먼저 악이 제거되어야 합니다. 야생짐승을 몰아내야 양이 안전하게 살 수 있는 것과 같습니다."

나는 "결국 그렇다면 생명과 죽음은 우리에게 달려 있는 거네요?"

그는 "인자의 살과 피를 먹고 마시지 않고서는 우리 안에 생명이 없다고 하였습니다. 우리는 이 말씀의 의미를 이해하는 것이 무엇보다 중요합니다."

나는 "네 그러면 그것이 순간에 이뤄지나요? 아니면 시간이 필요한가요?"

그는 "하하! 마음의 세계는 시공간을 초월한 곳입니다. 지금 이 순간뿐만 아니라 매일 매일의 경건한 삶이 필요합니다."

나는 "어떻게 자신의 것으로 수용될 수 있나요?"

그는 "주님의 살과 피를 먹고 마심은 상징적 표현입니다. 이는 영적 요소를 받아들여서 소화하고 융합시키는 것을 말합니다. 우리가 먹은 음식이 신체의 일부가 되듯이 영적 요소들도 영적 몸의 일부가 됩니다."

나는 "주님과의 결합을 의미하나요?"

그는 "네, 그렇습니다. 그분의 사랑과 진리를 수용하므로 주님과 가장 친밀한 상태에 있게 됩니다."

나는 "그렇군요."

그는 "제자들도 여럿이 이 말씀을 듣고 이렇게 말씀이 어려워서야 누가 알아들을 수 있겠는가 하면서 수군거렸습니다."

나는 "물질적인 시각으로는 알 수 없습니다."

그는 "이 위대한 교리는 유대인뿐만 아니라 그분의 제자가 된 여러 사람까지도 못마땅해 하였습니다. 복음은 물질적인 시각을 가진 사람들에게는 어려운 말씀입니다. 제자들은 인자의 피를 마시고 살을 먹어야 한다는 것에 관해 수근 거렸습니다."

나는 "주님께서 그것을 아셨나요?"

그는 "제자들이 당신의 말씀을 못마땅해 하는 것을 알아채시고 내 말이 귀에 거슬리느냐고 물어보셨습니다."

나는 "제자들은 주님이 몰랐을 것으로 생각하고 있다가 놀랐겠군요?"

그는 "우리들도 마찬가지입니다. 제자들이 불평하는 것을 그분이 아신 것처럼 우리의 불평도 주님이 아십니다. 불평은 진리의 능력을 약화시킵니다."

나는 "그러면 제자들의 불평의 주제는 무엇인가요?"

그는 "그분의 살을 먹고 피를 마시라고 요구하신 대목입니다. 제자들은 짐승 제물의 살을 먹는 데는 익숙해져 있었지만, 제물 되신 그분의 살을 먹는다는 말은 도저히 납득할 수 없었습니다."

나는 "주님께서 답답해 하셨겠군요?"

그는 "네, 그래서 주님께서 너희 가운데 믿지 않는 사람이 있다고 지적하셨습니다."

나는 "그러면 주님은 자기를 배반할 자가 누구인지 처음부터 알고 계셨던 건가요?"

그는 "네 알고 계셨지요. 그래서 주님은 말을 반복해서 말씀하십니다. 아버지께서 허락하신 사람이 아니면 나에게 올 수 없다고 말했던 것입니다."

나는 "왜 그렇게 말씀하셨지요?"

그는 "그들의 불신앙을 알았기 때문입니다. 인간은 사랑을 수단으로 믿음에 이끌려야만 한다는 것을 재차 강조하신 것입니다. 만일 인간이 주님 사랑 없이 믿음만 가진다면 인간적인 수단과 방법만 남게 됩니다."

나는 "그러면 주님을 사랑하는 사람은 어떤 사람인가요?"

그는 "그분의 계명을 지키는 자가 그분을 사랑하는 사람입니다."

나는 "그 후에 주님의 제자들은 어떻게 했나요?"

그는 "많은 제자들이 예수를 버리고 물러갔고 더 이상 따라 다니지 않았습니다."

나는 "아! 떠나간 자들은 결국 천국의 길목에서 발을 돌렸군요."

그는 "정말로 놀랍고 두려운 일입니다. 그들이 되돌아갔고 더 이상 주님과 함께 걷지 않는 것입니다."

나는 "변절자들이군요."

그는 "네, 변절된 자들이 떠났고 열 두 제자들만 남았습니다. 주님은 열 두 제자를 보시고 자, 너희는 어떻게 하겠느냐? 너희도 가겠느냐고 묻습니다."

나는 "제자들은 뭐라고 대답하나요?"

그는 "시몬 베드로가 나서서 주님, 주님께서 영원한 생명을 주는 말씀을 가지셨는데 우리가 주님을 두고 누구를 찾아가겠습니까? 라고 대답합니다."

나는 "아! 맞아요. 나에게도 베드로의 그 대답이 필요합니다."

그는 "베드로의 이런 고백은 시편에도 있습니다. 하늘에 가도 나에게는 당신밖에 없사옵고 땅에서도 당신만 계셔 준다면 그에서 무엇을 더 바라리이까?' (시73:25).

나는 "제자의 이런 고백은 믿음 없는 자들의 행동에 정면으로 대비되는군요."

그는 "그렇습니다."

불평자 마을의 어느 선생과 헤어지고

죽은 뼈를 가진 자와 만나다

나는 질병의 마을을 더 찾고자 하였다. 그래서 무작정 길을 걸어 보았다. 나는 목표 없이 한참을 걸었는데 어느 구석진 곳에 조잡한 글씨로 '죽은 뼈 마을'이라는 간판이 세워져 있는 것을 보았다. 나는 죽은 뼈 마을에 대해 호기심을 가지고 마을 안으로 들어가 보았다. 마을에는 곳곳에 몸을 지탱하지 못하고 힘없이 누워 있는 사람들이 많았다.

나는 이들에게 어떤 증상이 있는지를 자세하게 알아보았다. 이들은 죽은 뼈를 갖고 있어서 뼈가 석회화가 되지 못하여 골격이 약해져서 몸무게를 이기지 못하고 뼈가 휜다고 설명을 하였다.

나는 그곳에 있는 현자를 만나보고 싶었다. 나는 길거리에 힘없이 누워있는 자들에게 이 마을에 현자가 있는 곳을 아느냐고 물었다. 그러자 그들은 나에게 어느 집으로 안내해 주었다. 그 현자는 키가 작고 눈이 부리부리하게 생겼다. 그러나 전체적인 분위기는 온화하였다.

나는 그에게 다정하게 인사를 하고는 "나는 진리를 얻고자 마음의 세계를 여행 중에 이곳 마을에 당도하게 되었습니다. 내게 부디 좋은 가르침을 부탁드립니다."

그는 "반갑습니다. 어서 오세요. 무엇이 궁금하십니까?"

나는 "내가 듣기로 이곳 마을 사람들은 뼈가 죽었다고 들었습니다. 무슨 질병인지 알려주시기를 부탁드립니다."

그는 "마음의 세계에서 뼈는 심장이나 폐, 뇌보다는 생명력이 덜합니다. 그러나 뼈가 약해지면 근육과 신경을 움직일 수가 없습니다."

나는 "아 그렇군요! 뼈가 스스로는 움직이지 못하지만 근육과 신경에게 힘을 제공하는군요. 마음의 세계에서 뼈는 무엇을 의미합니까?"

그는 "뼈는 자연적인 지식을 의미합니다."

나는 "자연적인 지식이라고요?"

그는 "네, 자연적 지식은 사랑에 의해 존재합니다. 뼈가 살려면 심장이 살아 있어야 합니다. 마찬가지로 자연적인 지식이 활성화되려면 사랑이 있어야 합니다."

나는 "사랑에 의해 지식이 사는군요."

그는 "맞습니다. 사랑이 없으면 지식은 죽은 상태입니다."

나는 "그러니까 지식은 사랑을 위해 일한다는 뜻인가요?"

그는 "그렇습니다. 누구든지 사랑으로 일을 한다고 하면 그에 관한 반드시 지식이 필요하지 않겠어요? 그러므로 지식은 언제나 사랑을 받아들이기를 준비하고 있어야 합니다."

나는 "만약 준비가 되어 있지 않다면?"

그는 "그러면 생명과 멀어지게 됩니다."

나는 "그러면 어떻게 해야 지식이 살아납니까?"

그는 "그것에 대한 답은 분명합니다. 심장을 위해 뼈가 사용되어야 하는 것처럼 선을 위해 지식이 사용될 때 생명이 주어집니다."

나는 "그러면 온전한 몸이 이루어지나요?"

그는 "그렇습니다. 뼈에 살과 신경, 피부가 옷 입혀지면 온전한 인간이 됩니다."

나는 "그렇게 해서 마음에 생명이 공급되는 건가요?"

그는 "골격에서 몸이 만들어지는 것은 진리에 생명의 옷을 입는 것과 같습니다."

나는 "그렇군요. 성경에 에스겔 선지자가 본 계곡의 마른 뼈는 무엇을 의미하나요?" (겔37:1-13).

그는 "계곡은 수준이 낮은 상태의 마음을 의미하고, 마른 뼈는 생명 없는 지식을 의미합니다."

나는 "그러면 죽은 지식인가요? 그러면 진리가 아니라는 말인가요? 성경에는 그 뼈들이 이리저리 널려 있었다고 했어요."

그는 "아! 그 말은 형편없는 지식으로 골격이 형성되지 못한 상태를 의미합니다. 마음속에 타락한 지식이 있다는 것을 의미합니다."

나는 "타락한 지식이란 파편화된 관념을 말하는 건가요?"

그는 "네, 제대로 정리가 되지 않아서 실제적으로 사용할 수 없는 지식입니다."

나는 "정립되지 않은 죽은 관념이라고 이름을 붙이면 될까요?"

그는 "그렇습니다."

나는 "흠, TV나 인터넷을 통해서 들어오는 쓰레기 같은 해로운 지식이 얼마나 우리들에게 영향을 미치는지 모릅니다. 하나도 정리되지 않은 지식들입니다."

그는 "살면서 얻게 되는 지식도 마찬가지입니다."

나는 "아! 답답합니다. 이런 것들이 정리되지 않은 채 기억에 들어와서 나뭇가지에 쓰레기 걸리듯이 내 마음에 널려 있다면 어떻게 살아있다고 말할 수 있겠어요?"

그는 "그런 모습이 계곡에 있는 마른 뼈와 같은 상태입니다."

나는 "그런 파편화된 관념들이 모두 죽어 있는 지식이라는 거지요? 그것이 살 수 있을까요?"

그는 "네, 죽은 지식입니다. 교회에 들어와서 성경구절을 알고 있지만 거듭나지 못하고 감각적 유혹에 빠져서 진리의 지식이 매장되어 버린 것입니다."

나는 "이 뼈들이 살아날 수 있을까요?"

그는 "주님은 에스겔에게 이 뼈들이 살아날 수 있을 것 같으냐고 질문하셨어요."

나는 "당신은 살아날 수 있나요? 솔직하게 말씀드려서 살 것 같지는 않습니다."

그는 "모든 관념이 훼손되고 조각나서 죽은 상태나 별 다름 없습니다. 그러나 주님께서는 그것을 살게 하셨습니다."

나는 "어떻게요?"

그는 "네, 말씀으로 외치고 생기를 불어 넣으셨어요."

나는 "어떻게 되었지요?"

그는 "뼈들이 조립되고 살이 덮이고 힘줄이 생기고 가죽이 입혀서 사람이 되었어요. 그리고 주님은 숨을 불어 넣으셔서 새로운 생명이 주어진 것입니다."

나는 "아! 놀랍군요. 이미 죽었는데, 부활되었군요."

그는 "그렇습니다. 새로운 생명으로 살려주셨습니다. 이것을 거듭남이라고 하는 것입니다."

나는 "거듭남이요? 죽은 자를 살리는 것을 말하나요?"

그는 "네, 그렇습니다. 이미 죽었지만 새로 건설해 주셨습니다."

나는 "숨을 불어 넣는 것은 무엇을 의미하나요?"

그는 "숨을 쉰다는 것은 생명이 왔다는 것입니다. 숨은 주님의 영입니다. 영이 안에 들어갈 때 마른 뼈는 대단한 위력을 지닌 큰 군대가 되었다고 하였습니다."

나는 "그러면 힘줄과 살은?"

그는 "힘줄은 신경 계통인데 피가 뻗어나가는 것처럼 진리가 온 마음에 퍼져가는 것을 의미합니다. 살은 선의 의지를 의미합니다. 살과 힘줄은 성만찬의 살과 피를 의미합니다."

나는 "가죽은?"

그는 "가죽은 피부를 의미합니다. 이는 외부의 불순물을 막는 역할을 합니다. 피부는 몸 전체를 감싸고 있어서 내부 장기를 보호하는 역할을 합니다. 피부는 내부의 원리가 밖으로 나타나는 행동을 표현합니다."

나는 "아! 심오하군요."

그는 "뼈들이 조립될 때 소리가 났다고 했어요."

나는 "소리가 났어요?"

그는 "네, 그것은 정신적인 소리입니다. 즉 마음의 동요 상태입니다. 거듭남은 바람이 부는 것과 같다고 했습니다. 마치 바람의 소리처럼 들기는 하지만 그것의 변화는 인간이 알 수 없도록 은밀하게 일어나기 때문입니다. 그것은 하나님의 구원하는 작업이 진행 중이라는 것을 의미합니다."

나는 "주님께서 인간을 거듭나게 하는 모습이 놀랍기만 합니다."

그는 "성경에는 뼈를 부러뜨리지 말라고 했어요." (민12:12).

나는 "무슨 뜻인가요?"

그는 "그것은 거룩한 진리에 폭력을 휘두르지 말라는 뜻입니다."

나는 "주님께서 너희는 겉은 그럴싸해 보이지만 그 속에는 죽은 사람의 뼈와 썩은 것이 가득한 회칠한 무덤과 같다고 말씀하셨어요. 무슨 의미인가요?"

그는 "죽은 사람의 뼈라는 표현은 깊은 의미가 들어 있습니다. 죽은 자는 선과 진리가 박탈된 자입니다. 한마디로 생명이 없는 자입니다. 그러므로 죽은 자의 뼈는 진리의 지식이 죽었다는 의미입니다."

나는 "그렇다면 겉과 속이 다른 위선자들에게 주어지는 진리의 모습인가요?"

그는 "잘 보셨습니다. 위선과 불법이 가득하면 죽은 자의 뼈를 갖고 있는 상태라고 볼 수 있습니다."

나는 "위선을 조심해야 하겠군요?"

그는 "주님이 십자가에 달리실 때 그의 뼈는 하나도 부러지지 않을 것이라는 성경의 예언이 이루어졌다고 했습니다."(시34:20).

나는 "왜 그렇지요?"

그는 "그분의 뼈가 부러지지 않아야 한다는 것은 진리의 지식이 꺾여서는 안된다는 의미인데 율법에 기록된 유월절 어린 양의

233

뼈를 꺾어서는 안된다는 예언과 일치합니다."(출12:46).

나는 "왜 어린 양의 뼈를 꺾어서는 안되지요?"

그는 "네, 십자가 옆의 두 강도는 뼈를 꺾었어요. 그것은 유대인
들의 진리가 파괴되었다는 의미입니다."

나는 "주님은?"

그는 "주님의 뼈가 꺾였다면 정의는 계속 존재할 수 없게 됩니
다."

나는 "깊은 뜻에 그저 놀랍기만 합니다."

나의 삶이 조각난 지식이 묻힌 무덤같이 되지 않기를 바란다. 겉
으로는 미사여구를 사용하지만 속에는 의도가 퇴락한 파편화된
지식으로 추잡스럽고 더러운 것이 가득한 상태가 되지 않기를
바란다. 그런 죽은 뼈들의 소리에 귀를 기울이지 않고 오직 정결
하게 되기를 소망한다.

"주님 저로 주님의 진리의 지식이 튼튼하고 강건하게 하소서."

죽은 뼈 마을의 현자와 헤어지고

자만한 자를 만나다

저 멀리 바다가 보였다. 나는 마음의 세계에서 바다가 존재한다는 사실에 놀랍기만 하였다. 마음의 바다는 무엇을 말하는가? 바닷물의 짠 맛은 무엇인가? 혼자서 이런 생각에 젖어 있을 때 내 옆에 누군가가 있는 것이 느껴졌다. 아는 고개를 돌려 옆을 보니 젊잖게 생긴 내 나이 또래의 어디서 많이 본 듯한 분이 내게 친절함과 겸손함으로 인사하고 있음을 느꼈다.

그분 옆에는 작은 독수리 새 다섯 마리가 앉아 있었다.

나는 그분께 정겹게 인사하였다. 그러자 그분은 웃으면서 말하기를 "바다를 생각하시나요?" 하였다.

그는 "바다는 삶에서 경험된 진리가 쌓이고 쌓인 기억속의 지식입니다. 바닷물의 짠 물은 진리가 삶을 통해서 적용된 것입니다."

나는 "사람들은 인터넷을 지식의 바다라고 하던데, 그 말과 상응되는군요."

그는 "그렇습니다. 인터넷을 잘 활용하면 생활 속에서 지혜를 얻을 수 있습니다. 마찬가지로 마음속 기억의 바다에서 깨달음을 얻는다면 하늘의 지혜를 얻을 수 있습니다."

나는 '바닷물 속의 고기는 무엇을 의미하지요?'

그는 "고기는 삶에서 얻은 깨달음과 감동과 희망입니다."

나는 "아! 참으로 멋진 말이네요. 저 넓고 깊은 바다에 깨달음과 희망이 헤엄쳐 다니는 것인가요?'

그는 '넓고 깊은 바다 속에서 깨달음의 감동과 희망이 헤엄치고 있습니다. 하하! 마음의 바다에서 헤엄치는 물고기 하나하나가 영적 감동과 깨달음입니다."

나는 "음, 그러니까 마음의 바다를 기억 속에 있는 지식이라고 하셨지요? 그러니까 기억에는 영적 지식도 있고 세속적 지식도 있겠네요?'

그는 '네, 그렇습니다."

나는 "바다는 가끔 풍랑이 일어나는데요?"

그는 "그렇습니다. 탐욕과 자만이 기억속의 지식을 흔들어 놓은 것입니다."

나는 "탐욕과 자만이 요동치는군요. 아! 무섭네요."

그는 "풍랑이 일어서 제자들도 죽게 되었다고 살려달라고 주님께 부르짖었습니다."

나는 "주님께서 제자들에게 믿음이 적은 자라고 하셨던 것으로 압니다."

그는 "네, 살기 위해서는 진리의 믿음을 굳건하게 붙들고 있어야 합니다."

나는 "진리의 믿음이요? 근본적으로 풍랑이 일어나지 않게 하려면 어떻게 해야지요?"

그는 "세상에 대하여 죽고, 영적으로 다시 살아나야 합니다."

나는 "아! 그렇군요. 그런데 탐욕은 대략 알겠는데, 자만에 대한 예가 있나요?"

그는 "네, 바리새인과 세리의 기도의 예를 보시면 알 수 있습니다. 바리새인의 자만과 세리의 겸손을 주님께서 비유로 말씀하셨습니다."

나는 "아 그렇군요. 그러면 자만이 무엇인가요?"

그는 "자만은 남을 깔보고 자신이 가장 옳다고 여기는 것입니다."

나는 "성경에 그런 종류의 사람들이 있나요?"

그는 "대표적인 케이스가 바리새인입니다."

나는 "바리새인은 종교적 행사나 예식에 아주 엄격했다고 알고 있습니다."

그는 "그들은 다른 사람들보다 자기들이 종교적으로 정의롭다고 믿었습니다. 그래서 주님께서도 바리새인을 두고 위선자라고 하셨습니다." (마23장)

나는 "어떤 경우이지요?"

그는 "네, 주님께서 이런 비유를 하셨습니다. 바리새인과 세리가 기도하러 성전에 올라갔는데 바리새인보다 세리의 기도를 하나님께서 들으셨다고 하셨습니다."

나는 "세리라고 하는 계층은 세금 거두어들이던 사람들 아닌가요?"

그는 "그렇습니다. 그들은 유대인들에게는 배신자 취급을 받던 그룹이었습니다."

나는 "성전에 올라가서 기도했다는 의미는?"

그는 "성전에 올라가서 기도한 것은 마음을 주님께 아뢰는 것을 의미합니다."

나는 "어떻게 기도했나요?"

그는 "바리새인은 보란 듯이 서서 기도했습니다. 그는 주님께 감사드리는 체 하면서 타인을 무시하면서 자신은 선하다고 기도했습니다."

나는 "바리새인이 기도대로 그렇게 바르게 살았나요?"

그는 "네, 겉으로는 그렇습니다. 그러나 중요한 사실은 악은 마음에 있다는 것입니다. 악이 겉으로 나타나지는 않았지만 마음속에 잠재된 더 큰 악이 있습니다."

나는 "그러면 마음속의 악이 기회가 되면 언젠가 겉으로 드러나나요?"

그는 "그렇습니다. 바리새인은 마음속의 악을 안고 있으면서 깨끗한 척하면서 자만했습니다."

나는 "그렇다면 겉과 속이 깨끗해야 하는군요?"

그는 "그렇습니다. 선한 자와 악한 자가 다릅니다."

나는 "어떻게 다르지요?"

그는 "선한 자는 타인에게 없는 어떤 능력을 가지고 있으면 자만하지 않고 주님을 찬양하고 다른 사람을 도와주고자 노력합니다."

나는 "악한 자는?"

그는 "악한 자는 자기가 똑똑하다고 여기면 타인을 무시하고 자기를 높입니다."

나는 "아 그렇군요. 주님은 바리새인을 보고 뭐라 하시나요?"

그는 "주님은 바리새인의 자만을 보시고 정의와 자비와 신의 같은 중요한 율법은 버렸다고 꾸짖으셨습니다."

나는 "그렇군요. 더 중요한 것을 잃어버렸군요. 바리새인은 뭐라고 기도했나요?"

그는 "우선 바리새인은 자기 죄를 인정하지 않았습니다. 그리고 주님의 도움을 필요로 하지도 않았습니다. 한마디로 자기만족에 도취되어 있습니다."

나는 "죄를 인정하지 않았다고요? 자기들에게는 죄가 없다는 그런 말인가요?"

그는 "네, 그러니까 남의 죄를 신랄하게 비판하는 것입니다."

나는 "타인에게도 미덕이나 도덕 같은 최소한 정의로운 면이 있지 않나요? 부족하더라도 말이에요."

그는 "그렇지요. 그러나 그들은 타인에게 그런 것이 있다는 것을 믿고 싶어 하지 않았습니다."

나는 "요즘 유행하는 말로 타인이 하면 스캔들이고 자기가 하면 러브 스토리라는 말이 그런 경우이군요."

그는 "맞습니다. 교활한 인간은 타인의 의도를 언제나 의심합니다. 심지어 바리새인은 주님의 동기까지 의심했습니다. 주님께서 죄인들과 어울렸기 때문입니다."

나는 "심리학에서는 동기를 의심하는 병을 '편집증'이라고 합니다."

그는 "의도를 의심하면 모든 말과 행위가 모두 의심스러울 수밖에 없습니다."

나는 "왜 상대방의 의도를 순수하게 보지 못할까요?"

그는 "네, 그 사람 속에 있는 순진무구가 파괴되어 그렇습니다."

나는 "순진무구가 파괴되어서 그렇군요. 순진무구는 무엇이지요?"

그는 "순진무구는 아담과 하와가 벌거벗었으나 부끄럽지 않았다고 했는데 그런 상태를 두고 말합니다. 주님께서 어린아이같이 되라고 하신 그 부분입니다. 그 속에는 선이 들어 있습니다. 순진 무구한 자들은 자신이 악하다는 사실과 주님만이 선하다는 사실을 언제나 인식합니다."

나는 "아! 순진무구가 정말로 필요하군요. 그래야 바리새인처럼 자만하지 않겠네요."

그는 "그렇습니다. 주님이 원하시는 것은 순수한 의도입니다."

나는 "제가 듣기로는 감리교회의 창시자인 요한 웨슬레가 의도의 순수성을 주장했다고 들었습니다. 그러면 주님은 사람을 보실 때 의도를 보시나요?"

그는 "그렇습니다. 주님은 먼저 사람을 보실 때 사랑과 의도에 중심을 두십니다."

나는 "아! 바리새인이 세리를 미워하지 말아야 하는 이유는 그의 의도를 모르기 때문인가요?"

그는 "네, 바로 깨달으셨군요. 아무리 죄인이라 해도 그를 무시하지 말아야할 이유는 그의 의도를 제대로 알 수 없고 또는 그런 인간조차도 거듭날 수 있는 가능성이 있기 때문입니다."

나는 "그런데 언제 거듭날지 모르잖아요? 거듭나지 않을 수도 있고요."

그는 "네 그래서 사람들은 쉽게 포기하기도 합니다. 그러나 중요한 것은 거듭남의 목적으로 죄인을 보아야만 합니다."

나는 "그런 목적으로 사람을 본다면 누구라도 도와줄 수 있겠군요?"

그는 "그렇습니다. 아마 그들도 죄에 빠지기 전에 자기 속의 악에 저항하려고 노력 했었는지 모릅니다."

나는 "정말로 그랬을까요? 어찌 되었든 사랑의 눈으로 보지 않는다면 자만인가요?"

그는 "네 그렇습니다."

나는 "내가 아는 자 중에 자신이 자기가 죽으면 천국에서 가장 높은 자리에 앉게 될 것이라고 생각하는 자들이 있어요."

그는 "하하! 왜 그렇다고 믿지요?"

나는 "그는 자신이 신학을 했고 성경구절을 많이 알고 자기가 설교하면 사람들이 아멘하기 때문에 자기 생각이 가장 옳은 줄 알더라고요. 그래서 주님께서 자기에게 특별한 복을 많이 주셨기 때문에 그런 일이 있는 거라고 스스로 인정하는 것 같아요. 주님이 자기를 특별히 사랑해서 높여 주었다고 여기거든요."

그는 "하! 미안하지만 그런 자는 천국의 낮은 자리에 앉지도 못할 것입니다. 왜냐하면 벌써 그는 자만했기 때문입니다."

나는 "하하! 언제나 자만이 걸림돌이네요."

그는 "네, 자신이 특별하다고 생각하는 자는 타인의 악은 미워하지만 자신의 악은 절대로 발견하지 못합니다. 오히려 자기에게는 악이 없을 거라고 착각합니다."

나는 "나는 타인의 잘못된 점을 비판하는 누군가의 말을 들어 보았습니다. 그런데 자세하게 알고 보면 모두 자신의 행위를 향해 욕하는 내용이었습니다."

그는 "자기가 자기를 비판하는 말이 나온 것이거든요."

나는 "그렇게 말하는 자가 내뱉는 그런 말들이 자기 이야기라는 것을 알면 얼마나 부끄러울까요? 그러나 정작 본인 자신은 부끄러운 줄도 모릅니다."

그는 "그런데 자신의 행위를 부끄러워한 자가 있습니다."

나는 "누구이지요?"

그는 "세리입니다."

나는 "그는 어떻게 기도했나요?"

그는 "세리는 자신은 성전에 가까이 다가설 존재가 못된다고 여기고는 멀리서 감히 하늘을 쳐다보지 못했습니다."

나는 "무슨 의미이지요?"

그는 "자기 인격이 비천하다고 느끼고 주님의 명령에 불성실했음을 인정하는 마음을 표현한 것입니다. 그리고 세리는 자기 가슴을 쳤습니다. 이는 악의 근원이 자기 마음이라는 것을 의미합니다."

나는 "그래서 가슴을 쳤군요."

그는 "네, 세리는 어떤 변명도 늘어놓지 않았습니다. 그는 하나님! 죄 많은 저에게 자비를 베풀어 주십시오 라고 외칩니다."

나는 "처절하게 기도했군요."

그는 "잘 들어보세요. 주님은 올바른 사람으로 인정받고 집으로 돌아간 사람은 바로 세리였다고 말씀하셨습니다."

나는 "놀랍군요. 집은 무엇이지요?"

그는 "집은 크게 말하면 하나님의 성전이고, 작게는 마음속의 의지입니다. 악은 의지에서 시작되기 때문입니다."

나는 "의지가 문제이군요."

그는 "그렇습니다. 의지가 악에 대항하면 거듭날 수 있습니다."

나는 "세리가 주님께 올바른 사람이라고 인정받았으면 그 후에 어떻게 되었을까요?"

그는 "죄인된 자기에게 베풀어주신 주님의 은혜에 감사하지요. 모든 공로를 주님께 돌립니다. 자기 공로가 아니라 주님의 사랑으로 구원받았다고 할 것입니다."

나는 "아! 그렇군요. 그러면 바리새인은 겉으로는 바로 살았지만 마음속에 감추어둔 악이 문제였네요. 그것을 어떻게 내려놓을 수 있지요?"

그는 "그 방법을 알려 드리지요."

나는 "알려주세요. 저도 실천하겠습니다."

그는 "주님은 이런 말씀을 하셨습니다. 너희의 정의가 바리새과 사람들과 율법학자들의 정의를 넘어서지 않고서는 결코 하늘나라에 들어가지 못하리라."

나는 "무슨 말이지요?"

그는 "자만을 넘어서야 한다는 의미입니다."

나는 "그러면 어떻게 해야 하나요?"

그는 "겸손해야 합니다."

나는 "만일 겸손하지 않다면?"

그는 "자신의 감추어진 악을 버릴 수가 없습니다. 그러면 거듭날 수가 없게 됩니다."

나는 "자기를 높이면 낮아지고 자기를 낮추면 높아질 것이라고 들었습니다."

그는 "잘 보셨습니다. 그러나 처음에는 겸손하다가도 나중에 자만하면 안됩니다."

나는 "남보다 조금이라도 가진 것이 많다고 여기면 자꾸만 높아지려고 해요."

그는 "그런 자는 낮은 자리로 떨어집니다."

나는 "그러면 어떻게 하지요?"

그는 "진실한 마음으로 고백하고 회개해야 합니다. 그래야만 악이 떨어져 나갑니다. 주님께서 정죄하신 악은 자만입니다. 그래서 하늘나라에서 가장 위대한 사람은 자신을 낮추어 어린아이와 같이 되는 사람이라고 하셨습니다." (마18:4).

나는 "천사들도 그런가요?"

그는 "아! 천사들은 주님의 도움 없이는 아주 작은 선도 행할 능력이 없음을 인정하는 분들입니다."

나는 "악마는요?"

그는 "악마는 자만하여 주님의 도움을 받고 싶어 하지 않습니다."

나는 "음, 이런 말을 듣고 보니 우쭐대다가 창피를 당하는 것은 오히려 좋은 거네요? 자신의 악을 발견할 수 있으니까요."

그는 "그렇습니다. 인간이 천국과 연결되려면 인격의 품질이 좋아야 합니다. 그래서 목자는 양의 이름을 부른다고 하는 것입니다. 그 말은 주님은 양의 영적인 품질을 아시거든요."

나는 "아! 사람마다 영적 품질이 다르군요. 왜 그렇죠?"

그는 "주님께서 천국을 주시고자 하여도 인간 속에 주시기 때문입니다. 아무리 깨끗한 비가 내려도 썩어 있는 시체에 떨어질 경우 그 비는 더러워집니다. 그러므로 인격의 품질에 따라 생명에 영향을 미치게 됩니다."

나는 "아 무섭군요."

그는 "악마는 지옥의 영역이 감싸고 있으므로 선을 악으로 부패시킵니다. 주님의 축복을 저주로 바뀌게 합니다."

나는 "주님께서 주시는 생명이라도 악마 속에서는 지옥이 되는군요."

그는 "네, 주님의 순수를 자신의 불순물로 흡입합니다."

나는 "아! 그런 이유로 주님은 악마에게 천국을 주실 수 없군요."

그는 "악으로 더러워진 영혼은 선을 질식시켜 썩게 만듭니다. 마치 유독 가스로 꽉 찬 항아리에 신선한 공기가 유입될 경우 그 공기마저 같은 품질로 떨어져 버리는 격입니다."

나는 "인간의 그런 면을 불법이라고 부르나요?"

그는 "불법이라고 합니다. 그래서 너의 불법이 너와 하나님 사이를 갈라지게 한 것이다. 너의 죄가 그분의 얼굴을 가리운 것이라고 했습니다. 그 이유는 주님은 악에 거하실 수 없기 때문입니다."

나는 "바리새인의 마음에 주님이 들어올 수 없군요. 그러면 어떤 마음에 주님이 들어오실 수 있나요?"

그는 "저만 옳은 줄로 여기는 마음에는 천국 원리가 뚫고 들어가지 못합니다. 그러나 겸손에는 신성한 태양의 빛을 허용하고 굶주리고 목마른 영혼에 천국이 스며듭니다."

나는 "겸손은 순진무구에 포함되나요?"

그는 "맞습니다. 겸손한 자는 위로부터 생명이 계속 자신 속에 흘러들어온다고 믿기 때문에 순진무구합니다."

나는 "저도 주님의 도우심을 얻어 회개하기를 원합니다."

그는 "자만한 사람은 주님의 도움이 필요하다고 느끼지 않기 때문에 마음 문을 열지 않습니다. 겸손은 야곱의 사다리와도 같습니다. 인간 마음에 놓여져 천국까지 도달 가능하게 해주고, 주님의 천사들이 내려오는 도구로 사용되어 인간으로 하여금 한 계단 한 계단 높은 위치에로의 인격의 상승이 가능하게 합니다."

나는 "아! 놀랍군요. 그러면 어떻게 해야 할까요?"

그는 "악한 자는 악이 그 사람 자신이 되어 버렸습니다. 그러나 겸손한 사람은 죄를 거절하고 미워합니다."

나는 "하나님, 선한이여. 나를 불쌍히 여기소서. 어지신 분이여, 내 죄를 없애 주소서. 허물을 말끔히 씻어 주시고 잘못을 깨끗이 없애 주소서. 내 죄 내가 알고 있사오며 내 잘못 항상 눈앞에 아른거립니다"(시51:1-3).

그는 "그렇게 기도해야 합니다."

나는 "겸손과 예의와는 다른가요?"

그는 "예의 속에는 겸손이 없습니다. 겸손은 오직 삶속에서만 나타납니다."

나는 "왜 그렇지요?"

그는 "위선하는 자가 많거든요. 위선자는 예의의 탈을 뒤집어쓰고 나타납니다."

나는 "아! 그렇군요."

그는 "경건한 모양은 있는데 내용물이 없으면 껍데기는 죽은 것이나 다름없습니다."

나는 "어떤 자는 울면서 회개는 하는 것 같은데 삶은 그렇지 못한 것 같아요."

그는 "착각하지 말아야 합니다. 회개는 운다고 되는 것이 아니고 악에서 돌아서야만 됩니다. 세리는 갑자기 의로워진 것이 아니라 사랑과 믿음으로 주님께 순종하는 삶을 통해서 점차적으로 올바른 사람이 된 것임을 잊어버려서는 안됩니다."

나는 자만이 얼마나 무서운 질병인 것을 이제야 알 것 같았다. 자만은 나 자신을 무너뜨리는 거머리 같은 존재이다. 성경은 등불같이 타는 큰 별이 천국으로부터 떨어졌다고 했다(계8:10). 큰 별이 무엇 때문에 떨어질 수밖에 없는가? 한마디로 가장 큰 죄악 즉 자만이다. 자기가 가장 똑똑하고 잘났다고 치부하는 자만이다. 자만은 결국 사람으로 하여금 자기 자랑과 자기 사랑이 불타면서 지옥으로 떨어지고 마는 것이다.

"주님 저로 자만의 모양이라도 버리게 하소서."

자만한 마을의 친절한 어느 분과 헤어지고

악성피부병자를 만나다

나는 길가에 넓게 펼쳐 있는 콩밭을 지나가게 되었다. 콩은 인간 세상에 주요 곡물이다. 성경에는 다니엘이 왕의 기름진 음식을 거부하고 채식을 요구했는데, 주로 콩 요리였다고 한다(단1:12,16). 또한 야곱이 에서에게 팥죽을 끓여 주었는데 팥죽의 원료는 편두 콩이었다. 콩은 그만큼 영양이 풍부한 곡식이다. 콩은 하나님이 주신 씨 맺는 채소이다.

콩은 가지 넝쿨을 뻗어 다른 나무를 의지하고 솟아오른다. 그 의미는 왕성한 지식욕을 상징한다. 이는 지혜로운 자들의 가르침에 의지하여 더 높은 세계의 지식을 간절하게 바라는 마음이다.

나는 '악성피부병 마을' 이라고 새겨진 표지판을 보았다. 나는 이곳에 사는 자들을 살펴보았다. 이곳 주민들은 온몸에 두드러기가 나있고 악창과 종기, 부스럼, 온몸에 발진이 나 있었다. 이곳에 사는 자들의 피부병은 보기에도 무섭고 두려운 느낌이 들었다.

나는 좀 더 깊숙하게 그 마을에 들어갔다. 그러던 중 길가에 앉아있는 어느 분을 보았다. 그는 피부에 반점과 온몸에 악창과 부스럼이 있었고 몰골이 추했다. 그러나 겉으로 보기에는 크게 고통을 느끼지는 않는 듯했다.

나는 그에게 말을 걸었다. "안녕하세요, 나는 마음의 세계에 진리를 찾으러 다니는 나그네입니다. 이곳 마을에는 피부병자들이 있군요. 부디 당신들의 질병에 대해 가르쳐 주시기를 부탁드립니다."

악성피부병자는 "우리에게는 당신이 보시다시피 피부에 악성피부병이 있습니다."

나는 "아 그렇군요. 어떤 증상이 있나요?"

악성피부병자는 "예, 우리들은 털이 빠지거나 살이 희어져 변색되며 피부가 우묵하게 헐기도 합니다. 결국 우리는 율법에 따라 더러운 자로 취급되어 집에서 쫓겨 났습니다."

나는 "아! 그래서 진영에서 떨어진 이곳 마을에 사시는군요."

악성피부병자는 "우리들은 피부에 증상이 나타납니다. 피부는 감각이 느껴지는 장소입니다. 피부는 살과 뼈를 보호하고 근육을 감싸는 가장 바깥 부분입니다. 마음의 세계에서 피부는 생각을 드러내기도 하고 감추고 보호하기도 합니다."

나는 "마음의 세계에서 피부는 무엇을 의미하나요."

악성피부병자는 "피부는 믿음의 고백을 의미합니다. 안의 것이 밖으로 드러나니까요. 피부에 문제가 발생한 것은 안과 밖이 달라서 생깁니다. 마음의 세계에서 악성피부병은 마음과 행동이 다를 때 생깁니다. 그것이 밖으로 드러난 것입니다."

나는 "그러면 그것은 위선이지 않나요."

악성피부병자는 "진리에 대해 진실하게 고백하지 않고 반복적으로 눈속임을 하거나 진리에 대해서 거짓 고백을 하다보면 악이 들어옵니다. 그러니까 마음에는 없으면서 말로써 고백하다보면 결국 말과 행동이 불일치가 되어 진리를 더럽히게 됩니다. 그래서 악성피부병이 생깁니다."

나는 "아! 악성피부병의 원인이 그렇군요. 진리는 주님을 말하지요? 진리를 더럽힌다는 것은 곧 주님을 더럽히는 것 아닙니까."

악성피부병자는 "맞습니다. 그래서 악성피부병을 신성모독이라고 하는 것입니다."

나는 "그러면 당신은 어떻게 해서 신성모독을 하였지요?"

악성피부병자는 "나 같은 경우에는 진정으로 회개하지 않고 마음에 욕심을 채우는데 신앙을 이용하려고 했습니다. 잘못된 가르침을 받아서 악한 생각을 자주 하였고, 그리고 교회생활을 하다 보니 믿음을 고백할 기회가 많아져서 위선을 행하고 말았습니다. 결국 진리를 믿고 있었던 것이 아닌데 주변 사람들에게는 믿음 있는 척 했습니다."

나는 "아 그렇군요. 육신적 욕망을 부추기는 거짓 가르침에 그만 빠져서 마음속에 악으로 물들었군요. 또 다른 경우도 있나요?"

악성피부병자는 "네, 어려서 신앙이 있는 부모를 만나거나 신앙이 있는 남편과 아내를 만났을 경우, 내용적으로는 진리를 믿지 않으면서 형식적으로 믿음 있는 척하다가 결국 우리와 같은 병에 걸린 자들이 있습니다."

나는 "그러니까 남들 앞에서 믿는 척하는 경우이지요?"

악성피부병자는 "그렇습니다. 나의 경우에는 세상욕망을 자극하는 거짓 선생을 만났습니다. 지금 와서 과거를 돌이켜 보니 거짓

선생은 내가 좋아하는 말로써 유혹을 했습니다."

나는 "어떤 말이지요?"

악성피부병자는 "나는 열등감이 많아서 높아지고자 했습니다. 그들은 내게 온갖 말로 하나님이 나를 들어 높이 쓰신다는 말을 해주었습니다. 나는 내게 그러한 일이 주어질 것이라고 그의 말을 믿었습니다. 그러나 내게 진리는 없었습니다. 그러다보니 교만해졌고, 의시대고 겸손해야 한다는 주변인의 말이 있었지만 귀에 들어오지 않았습니다. 그리고 죄에 깊이 빠졌습니다."

나는 "죄 가운데 있으면서 주님의 능력이 자기에게 온 것처럼 여겼군요?"

악성피부병자는 "우리는 그런 잘못된 가르침과 꾀임에 현혹되어 안으로는 하나님의 사람처럼 믿었고 겉으로는 죄를 지으면서 살았습니다. 그렇지만 주님은 나를 특별하게 대우하시기 때문에 이런 죄는 아무 것도 아니라고 여겼습니다. 돌이켜 보면 그들의 말은 모두 지옥에서 내뿜는 허황되고 거짓된 속임이었습니다. 거짓 선생의 말을 듣다보니 결국 악성피부병에 물들어 버렸습니다."

나는 "네, 그렇게 해서 악성피부병에 걸리게 되었군요."

악성피부병자는 "그렇습니다. 처음에는 증상이 나타나지 않았어요. 그러던 어느 날인가부터 종기가 생겼어요. 그러면서 치질, 옴, 습진이 연달아 생기는 거예요. 나중에서야 알게 되었는데, 이것이 모두 악에서 비롯된 거짓이라는 것을 알게 되었습니다. 그러면서 나도 모르게 거짓 선생을 닮게 되었고 시간이 지날수록 진리의 말씀을 왜곡시켰으며 나중에는 내 고집대로 살았고 결국 이 지경에 이르게 되었습니다."

나는 "누구든지 거짓된 말을 들을 수 있지만 악성피부병에 걸리지 않을 수도 있잖아요?"

악성피부병자는 "네 그렇습니다. 하루아침에 누구나 다 악성피부병이 걸리지는 않습니다. 그러나 나는 허황된 욕심이 너무 많았습니다. 그러다보니 누군가가 조금이라도 나의 욕심을 자극하면 흥분되어 악과 거짓으로 도배하게 되었습니다."

나는 "당신은 대인관계를 어떻게 했나요?"

악성피부병자는 "나는 사람들 앞에서는 선하게 보이려고 누가 무슨 말을 하면 습관적으로 무조건 칭찬해 주었습니다. 그것은 미련한 내가 세상 살아가는 방법이었습니다. 그런데 나의 위선된 친절이 거짓된 자를 또한 고무시켰습니다. 그래서 마치 똥파리가 악취나는 음식에 달라붙듯이 그들은 내게 달라붙었습니다."

나는 "그러면 당신은 주님께 기도를 했습니까?"

악성피부병자는 "사실 나도 기도를 했지만 볼멘 목소리와 함께 악을 쓰면서 정욕으로 달라는 기도만 했습니다. 그런데 거짓선생은 나에게 말하기를 천국은 침노하는 자의 것이라면서 소리질러 기도하라고 했습니다. 나는 그 말을 믿고 내 욕심으로 주님의 것을 빼앗으려는 태도로 기도 했습니다. 그러면 거짓선생은 무엇이든지 구하면 받을 수 있다고 하면서 더 목소리를 높여서 기도하라고 추궁했습니다. 그래서 나는 언제나 소리를 고래고래 질러대며 하나님의 것을 빼앗는 식의 기도를 했습니다."

나는 "참 한심하군요. 기도를 잘못 배우셨군요."

악성피부병자는 "나는 내가 미련하고 무지한 줄을 몰랐습니다. 기도에도 분별이 필요하다는 것을 몰랐습니다. 무조건 욕심을 갖고 기도만 하면 모든 것이 다 내 것이 될 줄로 알았습니다."

나는 "답답하네요. 당신에게는 제대로 가르쳐 주는 분이 없었나요?"

악성피부병자는 "있었습니다. 그러나 나는 내 욕심에 부추기는 말을 더 듣고 싶었습니다."

나는 "마음의 세계에서 안과 밖이 일치하지 않으면 괴리가 생기고 피부에 문제가 생깁니다. 그렇게 해서 피부는 퀴퀴한 냄새와 진물과 터진 종기투성이가 됩니다. 이곳에서는 고백과 행위가 일치해야 깨끗하다고 말합니다."

악성피부병자는 "마음의 세계에서 내가 저지른 행위는 신성모독이라는 것을 알게 되었습니다. 나의 죄는 신성모독죄였습니다. 그래서 피부에 종기가 발생하였습니다."

나는 "아! 결국 악성피부병은 위선적 악이 밖으로 드러난 것이군요. 그래서 주님께서 악성피부병자에게 죄사함을 받으라고 하였나요?"

악성피부병자는 "맞습니다. 죄사함은 의도와 행위가 일치 되었다는 것을 말합니다. 왜냐하면 주님은 의도와 행위를 보시고 판단하시거든요. 그러므로 위선자의 행위는 결코 깨끗할 수 없습니다."

나는 악성피부병에 걸린 이분의 말을 듣고 악성피부병은 곧 신성모독이라는 사실과 그것은 얼마나 무서운 죄인지를 알게 되었다. 결국 악성피부병은 진리와 하나님을 만홀히 여긴 자에게 들이닥친 하늘의 벌이라는 느낌이 들었다.

나는 어떤 경우에 이런 현상이 생기는가를 생각해보았다. 어려서 신앙심이 있는 부모를 만나서 억지로 교회 생활을 하게 되는 경우, 주님을 믿지 않았는데 목사나 전도사를 만나서 결혼한 경우, 겉으로 자신을 자랑하고 싶어 하는 경우, 교회에 관련된 직장 생활을 하게 된 경우 등이다.

이런 경우에 남들은 그에게 신앙심이 좋은 것으로 여겨서 높여 주니까 자신이 정말로 그런 줄 착각하게 된다. 그러다보니 결국 위선적 행동을 하게 되고, 단지 위선적 행위만 할 뿐 아니라 죄악된 행위를 하면서도 숨기다 보니 온몸에 피부병이 도지게 되었던 것이다. 마음의 세계에서 삶은 몸으로 나타나게 된다.

이들은 속으로는 진리를 믿지 않으면서도 극단적으로 하나님의 직분을 수행하면서 거짓된 삶을 살게 된다. 결국 진리를 행하는 자아와 믿지 않는 자아의 불일치 현상이 생기고 만 것이다. 이들은 극단적으로 진리를 믿지도 않으면서 본래 자신은 선택받은 자라는 신념이 굳어져 버린 것이다.

이런 삶은 너무도 오랫동안 굳어져서 아무도 그의 경직된 삶을 깨뜨릴 수가 없게 되고, 인생을 배우 혹은 연기자로 살아가게 되는 것이다.

그러자 옆에서 우리들의 대화를 지켜보던 지혜롭게 생긴 어느 분이 내게 말을 걸었다. 그는 내게 말하기를 "무엇이 궁금하시나요?" 하였다.

나는 "성경은 악성피부병에 대해서 뭐라고 말하나요?"

그는 "머리부터 발뒤꿈치까지 나병에 걸린 자라는 표현이 있습니다(레13:12-14). 이는 진리를 알면서 내적으로는 인정하지 않는 자를 뜻합니다. 만일 진리들을 알고 믿으면서도 그것에 반대되는 생활을 한다면 내적인 신성모독입니다. 왜냐하면 정면으로 믿음을 부정하기 때문입니다."

나는 "모세도 그런 적이 있었지요?"

그는 "네, 모세가 손을 품에 넣었다가 그가 손을 내어보니 그의 손에 나병이 생겨 눈같이 되었고 다시 손을 품에 넣었다가 내어보니 그의 손이 본래의 살로 되돌아왔다고 했어요."(출4:6-7).

나는 "맞습니다. 그런 구절이 있지요. 그게 무슨 의미인가요?"

그는 "모세가 손을 품에 넣었다는 것은 진리를 받아들인 것을 의미합니다. 그러나 손을 꺼내어 보았다는 것은 자신의 성품이 어떤지를 살피는 것인데, 손은 진리를 실천하는 것을 말합니다. 손에 악성피부병이 생긴 것은 진리의 모독을 의미하지요."

나는 "그렇군요. 모세의 손이 보여주듯이 행함 없이 입술로만 믿는다고 고백하면 악성피부병이 생기는군요. 그래서 그리스도인은 믿음과 행위가 일치해야 되겠군요. 그렇지 않으면 영적 악성피부병이 생길 수 있으니까요."

그는 "그렇습니다. 모세의 손이 본래의 살로 되돌아온 것은 의지가 새로워진 것입니다. 살은 주님의 고유속성인 사랑을 의미합니다. 의지적으로 진리를 받아들일 때는 깨끗합니다. 주님 사랑과 이웃 사랑이 있기 때문입니다."

나는 "그러면 구약시대에는 악성피부병이 생기면 어떻게 해야하나요?"

그는 "먼저 제사장에게 환부를 보여야 합니다."

나는 "왜 제사장에게 가야 하지요?"

그는 "하하! 마음의 세계에서 제사장은 선을 의미합니다. 악성피부병은 악에서 생긴 것이므로 선에게 찾아가야 합니다."

나는 "아! 그렇군요. 그러면 제사장은 어떻게 진찰합니까?"

그는 "제사장은 레13장의 악성피부병의 기록을 봅니다. 그곳에는 최근, 오래된 것, 내적인 것, 외적인 것, 치료 가능, 불가능의

여부가 기록되어 있습니다."

나는 "나는 읽어도 잘 모르겠습니다. 설명을 부탁드립니다."

그는 "그것을 일일이 다 설명해 드리기는 너무나 복잡합니다. 그러나 대충 알려드리지요."

나는 "고맙습니다."

그는 "제사장은 어떤 관점에서 악성피부병을 관찰하는가 하면 환자가 이기적, 세상적, 감각적인 동기를 가지고 있는지를 먼저 봅니다. 진리를 이기적 목적으로 사용하는가를 봅니다. 악성피부병은 진리를 모독해서 생긴 병이니까요. 그러므로 제사장이 검사할 때는 최대한 겸손해야 하고 믿음을 가지고 대해야 합니다. 왜냐하면 살갗에 악이 깊게 침투하지 않으면 깨끗한 자로 판명이 나니까요."

나는 "그렇군요. 검사하는 과정에서 동기가 중요하군요."

그는 "네, 그렇습니다.

나는 "아까 감각적, 세상적, 이기적 사랑의 동기라고 하셨는데, 무엇을 말합니까?"

그는 "네, 제사장은 선의 눈으로 상처를 자세하게 봅니다. 두드러기는 감각적인 것을 말하고, 딱지가 생기는 것은 세상적인 것을 의미하고, 선명한 반점은 이기적 사랑에서 오는 애착으로 봅니다. 그것은 악이 증상으로 나타난 것을 의미하기 때문입니다."

나는 "그렇다면 마음의 세계에서 악성피부병의 정의는 무엇입니까?"

그는 "악성피부병은 신성모독 죄입니다. 진리를 가진 자들이 행함이 없으면 결국 선을 파괴하는 모독이 됩니다. 그렇게 되면 진리에 대한 순진무구가 무너집니다."

나는 "아 그렇군요. 순진무구는 순수함을 의미하나요?"

그는 "네, 감각적, 세상적, 이기적 사랑의 동기를 가지면 순수함이 파괴되고, 피부에 두드러기, 딱지, 반점이 생깁니다. 그러면 그 환자를 제사장에게 데려오는데, 그것은 신성한 선아래 오는 것을 말합니다."

나는 "그러면 제사장은?"

그는 "제사장은 선의 눈으로 피부에 생긴 병을 더 자세하게 살펴봅니다. 혹시 병든 자리에 난 털이 희어지면 거짓으로 부패된 증상입니다. 병든 자리가 우묵하게 들어가면 내면적으로 부패한 것을 말합니다."

나는 "만일 깨끗하다면요?"

그는 "만일 깨끗하다면 제사장은 선이 작동하고 있다고 여기고 칠 일간 격리시킵니다. 그것은 자아를 억제하는 상태를 유지하는 것입니다.

나는 "그리고요?"

그는 "칠 일째 되는 날 제사장이 또 다시 살펴봅니다. 숫자 칠은 거룩한 상태를 의미합니다. 그러니까 자아를 억제한 후에 악이 쇠약해지고 더 번지지 않으면 제사장은 칠일간 더 격리시킵니다."

나는 "그리고요?"

그는 "다시 칠 일째 되는 날 제사장이 살갗에 더 번지지 않았는지를 확인합니다. 진리가 손상되지 않았는지를 보는 것입니다. 그것이 확인이 되면 진리가 손상되지 않았으므로 제사장은 그를 깨끗한 사람이라고 선언합니다. 이는 내적으로 불순이 없다는 것이기 때문에 옷을 빨아 입으라고 합니다. 옷을 빨아 입는 것은 행실이 깨끗해지는 것을 의미합니다."

나는 "아 복잡하군요. 거룩을 유지하도록 하는 억제가 대단하군요. 그런데요. 제사장이 보고 악성피부병이라고 할 경우는 어떤 경우이지요?"

그는 "제사장이 진찰하는 것은 선으로 검사하는 것을 의미합니다. 그런데 딱지가 살갗에 번져 나가면서 부패가 되면 제사장은 악성피부병으로 진단을 내립니다. 딱지는 세상 사랑으로 오는 부패가 계속되는 것을 말합니다. 이는 환자에게 진리가 이미 황폐하게 되었다는 것을 의미합니다. 더 이상 진리를 모독할 수도 없는 밑바닥 지경에 빠진 것입니다."

나는 "위선이 오랫동안 지속되다보니 악이 딱지가 되었군요. 세상 사람의 삶은 이렇게 되는 군요. 인간이 스스로 진리 모독을 확증해 버렸군요. 그렇다면 단순 피부병으로 진단받은 자는 무엇인가요?"

그는 "네, 단순 피부병으로 깨끗하다고 선언된 경우는 내적으로 순수하게 진리를 인정하는 자의 경우입니다. 하지만 이들은 외적으로는 진리를 모독한 경우입니다. 이와 같은 모독의 상태는 치료될 수 있습니다. 그 병은 의도의 문제가 아니고 오로지 바깥쪽 부분이기 때문입니다. 그러나 이런 경우에도 위선이 있으면 악을 확증하는 상태가 되기 때문에 치료될 수는 없습니다. 게하시의 경우가 그렇습니다." (왕하5:27).

나는 "또 하나 깨닫게 되는군요. 진리를 믿지만 행위가 더러워진

266

경우이네요. 마음에는 원이로되 육신이 약한 경우를 의미하는군요. 그러면 이런 경우에는 어떻게 깨끗해지지요?"

그는 "거듭남으로만 깨끗해질 수 있습니다. 자신의 행위를 돌이키고 회개해야 합니다."

나는 "혹시 진리를 몰라서 부지중에 진리를 모독한 경우도 있지 않나요?"

그는 "그렇지요. 그런 경우에 대해서도 주님은 자세하게 설명해주십니다. 이런 경우에도 이기심과 감각적인 욕심이 모독의 원인이 됩니다. 성경에는 종기, 데인 것, 머리와 턱수염에 관한 나병으로 말합니다."

나는 "종기는 피부가 곪아 고름이 차는 질환이지요?"

그는 "마음의 세계에서 종기는 간계를 꾸미고 거짓말을 하면서 순진무구한 사람을 설득하는 것을 말합니다."

나는 "악성피부병의 영역 안에서 종기 같은 사람들이 있다는 것인가요?"

그는 "네, 종기가 세력을 쥐게 되면 피부가 터지기까지 독기를 퍼뜨립니다."

나는 "아 그런 종기 같은 자가 진리를 가지고 진리를 모독하는 위험이 크겠군요? 데인 것은 무슨 의미이지요?"

그는 "데인 자리는 세상 사랑으로 거짓이 득세하는 것을 말합니다. 세상을 사랑하면 절대로 하나님을 섬길 수 없습니다."

나는 "머리와 턱수염에 나병이 생기는 것은 무엇을 말하나요?"

그는 "머리나 턱수염의 나병의 뜻은 이기적 사랑과 거짓을 가지고 순진무구한 선과 진리를 파괴하려는 경향성이 있다는 것을 의미합니다."

나는 "그러면 어떻게 해야 하나요?"

그는 "그러므로 교인은 순진무구한 마음으로 선을 잃지 말고 악과 투쟁을 해야만 합니다. 진리를 소중하게 여겨서 지키도록 노력해야 합니다. 자칫 잘못해서 진리를 모독하면 악성피부병에 걸립니다. 그런 병에 걸리면 영적으로 썩은 형상이 드러납니다. 사실 악과 잘못, 모독의 죄는 계명 안에 이미 포함되어 있습니다."

나는 "아 그렇군요. 주님은 우리의 상태를 항상 보시고 계시지요? 그분께서 우리에게 내면의 죄악을 보도록 해 주실 것이라고 믿어요."

그분은 "분명 그렇습니다. 중요한 것은 주님께 자원하는 마음으로 나가지 않고는 결단코 악한 상태는 제거되거나 삭제될 수 없다는 것입니다. 우리가 숨겨둔 악독은 쉽사리 제거되지 않습니다. 우리가 그 악을 기꺼이 제거하겠노라고 확고한 의지를 가져야만 합니다."

나는 "우리가 미처 감지하지 못한 잘못으로부터 깨끗해지기 위해서 기도해야 하겠군요. 자기 허물을 능히 깨달을 자 누구리요. 나를 숨은 허물에서 벗어나게 하소서!'(시19:12).

그는 "그러므로 자신의 가엾고 의지할 데 없는 상태를 인식해야 합니다. 자신이 그간 만들어 놓은 모독은 자기 스스로 없앨 수 없어요. 주님께 나와야 합니다. 자신이 이해와 의지를 가지고 진리를 모독했음을 인정해야 합니다. 한마디로 자기의 삶이 무질서였음을 직시해야만 합니다."

나는 "음. 오늘날 진리를 말하면서 삶으로 진리를 입증하지 못하는 사람이 얼마나 많은지 모릅니다. 그러면서 이들은 말하기를 자기들의 힘으로 할 수 없으니 주님의 은혜만을 기다린다고 합니다. 이들은 주님이 은혜를 자신에게 안주신다고 불평도 합니다. 하지만 주님의 은혜는 이미 각자에게 주어져서 우리가 살고 있는 것 아닙니까? 주님은 은혜를 주시지 않았나요? 탕자처럼 일어나서 아버지께 돌아갈 마음이 없을 뿐이지요."

그는 "왜 그들이 그런 말을 하는가 하면 그들은 이기적으로 살다 보니 이미 진리를 오염시켰기 때문입니다. 마음의 세계에서는 진리 모독은 절대로 용납이 되지 않습니다. 진리로만 천국에 들어갈 수 있기 때문입니다. 주님도 내가 곧 진리라고 하지 않습니까? 그래서 악성피부병자를 분리시키는 것입니다. 그래서 진영을 떠나 살게 되는 것입니다."

나는 "그러면 악성피부병의 처방약이 있나요?"

그는 "네, 악성피부병의 처방약은 먼저 자신 스스로는 깨끗해질 수 없음을 깊이 인식해야 합니다. 그리고 깨끗해지려면 신성한 법칙에 순종해야만 합니다. 시리아 장군 나아만이 예언자의 명령에 순종해서 요단강에 일곱 번 스스로 씻어 깨끗해졌듯이 해야만 합니다." (왕하5:10-14)

나는 "나아만이 순종했기 때문에 악성피부병에서 나았다는 말이지요?"

그는 "우리들은 나아만 같이 되고자 희망을 가지고 이곳에 옹기종기 모여 있습니다. 이스라엘에 많은 나병환자가 있었지만 오직 수리아 사람 나아만이 나았습니다." (눅4:27)

나는 "왜 군대 장관이었던 나아만이 깨끗하게 되었죠?"

그는 "네, 그분은 자신의 삶이 신실하지 않다는 것을 인정했습니다. 그런 자들이 지혜로운 자입니다. 그는 군대 장관이었지만 악성피부병에 감염되었고 요단강에서 일곱 번 씻고 깨끗해졌어요. 지혜가 있었기 때문에 자신의 더러움을 인정하고 깨끗해지기를 바랐으며 예언자의 처방을 따랐습니다."

나는 "예언자의 처방?"

그는 "네, 나아만이 예언자의 명령에 따라서 요단강에 씻는 것은 주의 말씀에 순종하는 삶으로 생명을 깨끗이 한다는 의미입니다. 요단강물은 진리를 상징합니다. 주님의 계명에 순종하여 날마다 삶을 깨끗이 할 때 세상 욕망은 제거되고 신실한 삶이 됩니다."(왕하5:14)

나는 "알겠습니다. 악성피부병이 의복에도 발생한다고 하였는데 무슨 의미인가요?"(레13:47-48)

그는 "아! 그것은 악성피부병 옷은 진리와 거짓이 혼합된 교리를 의미합니다. 교리가 거짓에 물들어 부패되어 버린 것입니다. 거짓이 없고 악에 오염되지 않은 교리만이 깨끗하게 할 수 있습니다. 그래서 여호와의 말씀은 흙 도가니에 일곱 번 녹여 거른 순은이라고 하였습니다." (시12:6).

나는 "그렇다면 그런 교리는 이기적이고 세상적인 사랑의 영향을 받아 잘못 해석된 것을 말하나요?"

그는 "네, 교리는 개인적으로는 삶의 규칙을 말합니다. 그것은 인생의 길입니다. 교리가 잘못되면 인생이 망가지게 됩니다. 요한계시록에는 거짓으로 혼합된 교리를 가진 자들이 모인 곳을 사단의 회당(계3:9)이라고 불렀고, 레위기에서는 옷에 푸르고 빨간 자국이 있다고 한 것입니다." (레13:49).

나는 "당신은 이곳 마을에서 병이 낫기를 기다리나요?"

그는 "우리는 악성피부병의 질병에서 치유되기를 기다립니다."

나는 "네, 악성피부병이 나았으면 제사장은 어떻게 하나요? 자세하게 가르쳐 주시면 좋겠습니다."

그는 "네, 알려 드리지요. 제사장이 환자를 진찰해서 악성피부병이 나았으면 살아 있는 정결한 새 두 마리와 백향목과 홍색 실과 우슬초를 가져오게 하고, 새 하나는 흐르는 물 위 질그릇 안에서 잡고, 다른 새는 산 채로 백향목과 홍색 실과 우슬초와 함께 가져다가 흐르는 물 위에서 죽이고는, 새의 피를 찍어 악성피부병에서 정결함을 받을 자에게 일곱 번 뿌려 정하다 하고는 그 살아 있는 새를 들에 놓고, 정결함을 받는 자는 옷을 빨고 털을 밀고 물로 몸을 씻습니다. 그 후에 진영에 들어오는데, 자기 장막 밖에 칠일을 머물고 일곱째 날에 머리털과 수염과 눈썹을 다 밀고 옷을 빨고, 몸을 물에 씻습니다. 그리하면 정하다고 했습니다."(계 14:5-9).

나는 "복잡하군요. 그 의식에는 영적인 뜻이 들어있겠군요?"

그는 "네, 흐르는 물은 생명 있는 물인데, 선의 열매 맺은 진리를 뜻합니다. 그곳에서 새 한 마리를 죽이는 것은 자신의 믿음이 행함에서 분리되었다는 것을 시인하는 것입니다. 질그릇은 자연적인 마음 상태입니다. 종합하면 자신에게 영적 생명이 없는 죄인임을 시인하는 것입니다."

나는 "아! 그것이 첫 단계군요."

그는 "네, 먼저 죄인임을 시인해야 합니다. 다른 방도는 없습니다.

나는 "그 다음에는?"

그는 "다음에는 다른 새를 산 채로 백향목과 홍색 실과 우슬초와 함께 흐르는 물 위에서 죽입니다. 그 의미는 진리로 인한 자아 부정을 말합니다. 육신적인 욕망이 죽을 때 영이 살아납니다."

나는 "악성피부병에서 정하게 될 사람 위에 새의 피를 일곱 번 뿌린다는 의미는 무엇이지요?"

그는 "깨끗해지고자 하는 사람에게 거룩한 선이 확인되었다는 것을 의미합니다. 정하다고 외치는 것은 온전히 깨끗해졌음을 말합니다."

나는 "아하! 그렇군요. 새를 들판으로 놓아주는 것은요?"

그는 "진리로 인한 자유를 뜻합니다."

나는 "온 몸의 털을 미는 것은 무엇이지요?"

그는 "거짓의 제거입니다."

나는 "옷을 빤다는 것은 행실이 깨끗해지는 거지요?"

그는 "네, 맞습니다."

나는 "그러면 목욕해서 깨끗해지는 것은 무슨 의미이지요?"

그는 "순수한 상태를 유지하는 것을 의미합니다."

나는 "진영으로 들어오는 것은요?"

그는 "천국의 삶을 받게 되는 것입니다."

나는 "자기 천막 밖에서 칠 일간 거주하는 것은요?"

그는 "이기적 사랑을 완전히 자제하여서 거룩해짐을 말합니다."

악성피부병자와 헤어지고

강도에게 당한 자를 만나다

갑자기 하늘이 어두워지더니만 천둥 번개 소리와 함께 우박이 쏟아졌다. 나는 마음의 세계에 와 있다는 사실을 잊고 습관적으로 우박을 피하고자 하였다. 그리고 우박을 쳐다보았다.

보통 우박은 빗물이 얼어서 땅에 내려서 풀과 나무를 망쳐 놓는다. 마음의 세계에서 우박은 불과 함께 언급되었는데 하나님의 원수와 백성을 응징하는 방편으로 등장한다(삿10:11).

나는 마음의 세계에서 우박은 무엇을 의미하는가를 깊이 생각했다. 그러자 지나가는 현자가 나의 생각을 알고는 대답했다.

"마음의 세계에서 우박은 거짓 고백을 의미합니다. 사람이 거짓된 고백을 하게 되면 이제 막 자란 믿음의 증거를 다 망가뜨려 놓습니다."

나는 "그래요?"

그는 "마음속의 진리의 싹을 다 망가뜨립니다."

나는 "그러면 어떻게 해서 우박이 내리지요?"

그는 "사람이 자기의 높은 지식을 가지고 교만하게 자존심만 높이면 우박이 되어 믿음을 모두 망가뜨립니다."

나는 "마치 강도당한 모양새 같군요."

그는 "하하! 그렇습니다."

내가 눈을 들어 보니 길가에 쓰러져서 옷이 거의 벗겨지고 온 몸이 상처투성이가 된 사람을 보았다. 그는 마치 실성한 사람처럼 도와줄 사람을 찾고 있었다. 그러나 아무도 그를 유심히 보는 자가 없이 걸음만 재촉하였다. 나는 그에게 다가서서 먹을 것을 주면서 물어 보았다. "당신은 어쩌다가 이 지경이 되었습니까?"

그는 "나는 본래 주님을 신실하게 섬기던 사람이었습니다. 그런데 강도들이 달라붙더니만 나를 이 모양으로 만들어 놓고야 말았습니다."

나는 "당신은 누구인가요?"

그는 "나에게는 배우자와 자녀들이 있습니다. 어느 날 말쑥하게 차려입은 정장 차림의 어떤 자가 나를 보더니 하나님이 귀히 쓰시는 자라고 하면서 다가왔습니다. 나는 그 말에 솔깃했습니다. 나는 그의 말에 점점 깊이 빠져 들었습니다. 그는 내 교만을 부추겨 듣기 좋은 말로 설득했습니다. 마치 나를 성전꼭대기에 올려 세운 것 같았습니다."

나는 "그렇군요? 그가 당신의 영혼을 마비시킨 것 같군요."

그는 "그는 나의 열등감을 알고는 나를 주님이 아주 높이 쓰신다고 하면서 성경구절에 내 이름을 집어넣고는 나의 자만심을 부추겼습니다."

나는 "그 후에는요?"

그는 "나는 가속이 붙은 브레이크 없는 자동차처럼 점점 그에게 깊이 빠져 들었습니다. 나는 매일같이 그를 통해서 거짓 교리를 배웠고 그가 없이는 아무것도 할 수 없었습니다. 누구라도 나를 조금이라도 핀잔을 주면 못 견뎠습니다. 내 마음은 거짓의 놀이터가 되었고 나는 지지 않으려고 더 예민하게 소리를 질러 댔습니다."

나는 "그리고요?"

그는 "아무도 내게 바른 말로 교훈할 수 없었습니다. 내 자신이 극단적인 상태에 머무른 것 같았습니다. 그는 내게 모든 것이 잘

될 것이고 죄는 정당화된다고 말했습니다."

나는 "그 말을 믿으셨나요? 하나님의 말씀을 가지고 죄를 정당화시켰군요. 그것은 신성모독인 것을 모르셨나요?"

그는 "네, 나는 그의 말을 사실로 받아들였습니다. 그럴수록 나는 거짓말이 자꾸만 늘었습니다."

나는 "답답하군요. 당신은 마치 기독교 영웅이 되고자 했군요. 천국은 십자가를 통해서 겸손하게 가는 것이라는 것을 모르셨나요? 도대체 당신의 완악한 본성으로 무엇이 되고자 했나요? 그런 말에 속나요? 초등학생도 그런 말에 속지 않겠군요."

그는 "나는 그 말이 사실이라고 믿었어요. 그만큼 내게는 어두움뿐이었습니다. 겸손하지 못했어요."

나는 "참으로 어리석군요."

그는 "그는 내게 앞으로 주님이 높이 쓰신다고 하였고, 가족에게는 내가 잘되면 앞으로 주님이 축복해주실 것이어서 모두 돈으로 갚아주면 된다고 하였고, 모든 것이 내가 원하는 대로 잘될 거라고 하였어요."

나는 "그러면 당신은 그저 말에 속기만 했나요 당신도 그런 쾌락에 빠진 것은 없나요?"

그는 "음, 나도 그들과 한통속이 되었고 어울리는 재미에 푹 빠졌습니다. 그러면서 겸손이 파괴되고 배포는 점점 커져만 갔습니다. 성격도 대범하게 변했습니다."

나는 "악령에게 완전하게 사로잡혔군요."

그는 "이미 나는 악령에게 사로잡혀 있었어요. 나는 본래 이렇게 사는 것이 당연하다고 여겼어요."

나는 "당신에게 양심의 소리가 들리지 않았나요?"

그는 "초기에는 마음이 약간 찔리기는 했지만 시간이 지나고 보니 양심의 가책은 없었어요."

나는 "당신도 역시 아주 센 강도가 되었군요. 강도의 전형적인 방법은 먼저 정욕에 사로잡히도록 유도합니다. 관능적이 되도록 만들어 놓고는 온갖 난도질을 합니다."

그는 "그런 것 같아요. 이제 돌이켜 보니 내가 지은 죄악으로 그 동안 허비한 시간과 주변 사람들이 당한 고통을 조금 느끼는 것 같은데, 사실 아직도 나는 현실감을 느끼지 못하고 가끔 화가 날 때는 악이 나를 흥분시켜요"

나는 "당신은 천국의 문 앞에 들어서지도 못하고, 진정 거듭나려면 아직도 멀었군요."

그는 "이제 나는 몸과 영혼은 망가질 대로 망가졌고 지옥 문 앞에 이르렀어요. 그런데도 회개의 기도가 안 되는 거예요."

나는 "답답합니다. 그러면 자신이 그렇다는 것을 어떻게 알게 되었나요?"

그는 "진리를 배우면서 내가 얼마나 무섭고 큰 죄를 지었는지 알게 되었어요. 그러나 너무도 오랫동안 죄악의 껍질이 단단하게 굳어서인지 벗어나기에는 시간이 걸리는 것 같아요."

나는 "악령이 가까이서 당신을 지켜보고 있는 것을 모르세요? 마음의 세계에서 악령은 우는 사자처럼 삼킬 자를 찾는다는 것을 모르시나요? 악령은 사람을 이용할 대로 이용하고 파김치가 되도록 영육을 난장판으로 만듭니다. 그럼에도 그 사람은 강도에게 두들겨 맞았다는 사실조차 모릅니다."

그는 "무섭습니다. 악령에게 눈을 뜨고도 당했어요. 이제 어떻게 해야 하나요? 너무도 은밀하게 이루어졌기 때문에 누구에게 하소연도 못해요. 이대로 살다가 죽으면 지옥으로 들어갈 거예요."

나는 "당신은 이미 강도를 만나 서서히 생명이 죽어가고 있습니다. 두려운 마음을 가져야 해요. 당신은 이미 진리의 옷이 벗겨졌고 악령의 거짓 암시로 가라지가 왕노릇 하고 있어요. 이미 마음의 중앙 정부를 악령에게 약탈당한 것을 알아야만 해요."

그는 "어쩌면 좋지요?"

나는 "당신에게 필요한 약은 기름과 포도주입니다. 기름과 포도주가 무엇인지 아시나요?"

그는 "진리와 진리대로 살았을 때 맺는 삶의 열매이지요."

나는 "맞습니다."

그는 "어떻게 구하지요?"

나는 "구하는 방법은 아주 쉽습니다. 전심으로 주님의 진리를 배우고 선행을 실천하세요. 서서히 악령이 물러나게 될 것입니다."

그는 "혹시 신학교에 다니거나 목사가 되면 그렇게 될까요?"

나는 "참으로 답답하십니다. 그런 것이 아닙니다. 좀 더 진실하세요. 세상 것을 버리세요. 욕심도 버리세요. 정욕과 욕심을 십자가에 못 박으세요. 오로지 주님의 진리만을 의지하고 전심으로 실천하세요."

나는 강도당한 자의 말과 행동을 보면서 이미 영혼이 만신창이가 된 그의 모습이 너무나도 불쌍하고 안타까웠다. 종교의 겉치레만을 따라가다가 악령에게 사로잡힌 허황된 자들의 결국을 보는 것 같아서 마음이 씁쓸하였다. 그리고는 의도가 불순한 영혼은 언젠가 강도들에게 사로잡힌다는 사실을 깊이 깨달았다.

사람이 살아가면서 악령이 없다면 얼마나 좋을까? 그러나 한편 악령이 없다면 인간의 자유의지 또한 필요 없는 것이 되고 말 것이다. 그렇다면 진정으로 주님을 사랑하는지 아니면 위선적으로 행동을 하는지를 알 수 없다.

아마도 강도에게 당한 자는 자신에게 진실된 믿음이 없으면서도 믿음의 행위를 하려다가 강도에게 당한 것으로 보인다. 강도는 그런 자를 노린다.

주님이 원하시는 것은 순수한 의도를 가지고 주님을 사랑하는 것이 아닌가? 이렇게 생각하고 있을 즈음에 지혜로운 사람이 내게 다가왔다. 나는 선뜻 그를 보아도 그가 지혜자인 것이 느껴졌다.

그는 자신이 진리를 사랑하는 자라고 말하면서 강도당한 자를 찾아다니면서 도와주고자 한다고 말했다.

나는 그에게 물었다. "마음의 세계에서 강도에게 당했다는 것은 무슨 뜻입니까?"

그는 "세상에는 수많은 위험이 있습니다. 길목마다 강도들이 도사리고 있습니다. 마음의 세계에서 강도당한 것은 영적 재물을 갈취당한 것을 의미합니다. 하늘나라의 생명에 손상 입은 것을 말합니다."

나는 "좀 더 자세하게 말씀해 주세요. 강도는 무엇을 말합니까?"

그는 "마음의 세계에서 강도는 모든 악영향을 말합니다. 그러니까 우리의 판단을 흐리게 하는 조언자, 말로 꼬드겨서 몸과 마음을 지옥의 환경으로 이끄는 자, 자만심을 부추기는 자, 선과 악을 구별하는데 혼동을 주는 자들이 강도들입니다."

나는 "한마디로 악령을 말하나요?"

그는 "그렇습니다. 강도가 악령입니다."

나는 "그런 강도가 어떻게 우리의 영적 생명을 갈취해 간다는 거죠?"

그는 "네, 강도는 인간의 세속적 열정과 교만을 휘저어서 이기적인 생각과 행동을 조장시킵니다."

나는 "여리고로 내려가는 사람이 옷을 벗겨졌다는 것은 그런 것을 말하나요?"

그는 "그렇습니다. 이기적인 생각과 행동을 하게 되면 결국 진리를 멀리하게 되고 진리의 옷이 다 벗겨집니다."

나는 "무엇으로 옷을 벗기지요?"

그는 "세속적이고 정욕적인 거짓 암시를 계속 주입하면 옷이 벗겨지게 됩니다."

나는 "강도에게 맞아서 피투성이가 된 채 옷이 벗겨지면 영적 생명이 서서히 죽게 되겠네요."

그는 "그나마 자신이 죽어가고 있는 것을 깨우치면 다행입니다. 그러나 강도로 인해 죽어가면서도 오히려 강도와 맺은 타락을 그리워합니다."

나는 "불쌍하네요. 어쩌다가 그런 일이 발생했지요?"

그는 "예루살렘에서 여리고로 내려가다가 그런 일이 생깁니다."

나는 "그것은 무슨 의미이지요?"

그는 "믿음 없는 자가 주님의 일을 해보려고 할 때 곧 마귀가 틈타는 것입니다. 마귀가 미리 알고는 시험하고자 길목에서 기다리고 있습니다."

나는 "예루살렘과 여리고는 어떤 의미가 있나요?"

그는 "예루살렘은 교회의 교리를 말합니다. 그러니까 진리에 관한 지식을 알고 주님을 예배하려고 하면 예루살렘에 있는 것입니다."

나는 "여리고는?"

그는 "여리고는 가나안의 경계 근처에 있습니다. 여리고를 종려

나무 성이라고도 불렀습니다. 종려나무는 선의 열매를 맺는 애정을 말합니다."

나는 "어떤 사람이 예루살렘 성에서 여리고로 내려간다 함은 영적 교훈을 가지고 실제적인 삶으로 들어가는 것을 말하는군요."

그는 "그렇습니다. 오늘날 그런 강도당한 자를 보신 적이 있나요?"

나는 "네, 나는 강도당해서 피 흘려 쓰러진 자를 많이 보았습니다. 그런 자들은 이미 눈에 귀신이 씌어 있는 것 같았습니다."

그는 "그렇다면 이미 악령에게 사로잡힌 것을 말합니다. 그런 자들은 마치 아버지의 재산을 허랑방탕하여 탕진한 탕자처럼, 하늘나라의 좋은 것을 가지고 세상과 악령에게 쏟아 붓습니다. 아마도 처음에는 강도 만났다고 여기지 않았을 것입니다."

나는 "웬걸요, 오히려 자기가 대단하다고 칭찬하거나 격려해줄 동조자를 찾으러 다니던데요?"

그는 "강도는 얼마나 달콤한 말로 상대방을 미혹했을까요?"

나는 "달콤한 그 말에 속아서 결국 강도와 한통속이 되었습니다."

그는 "한마디로 강도는 자기 욕심을 위해 상대방을 희생자로 만드는 더러운 짓거리를 합니다. 밀과 가라지가 같이 자라지만 결국 열매를 맺으면 그 모양이 드러나게 됩니다. 그러면 추수 꾼이 베어 버리게 됩니다. 그날이 심판의 때이지요."

나는 "아마 그들은 죽는 순간까지도 자기 죄를 합리화할 것입니다."

그는 "어떻게요?"

나는 "자기는 죄가 없는 줄 알기 때문입니다."

그는 "어리석군요. 마치 가룟 유다처럼 자기 행위를 포장하고자 주님의 입술에 입 맞추는군요. 그것은 신성모독입니다."

나는 "한심스러운 작태입니다. 강도와 강도당한 자들이 하는 말을 들어보면 웃음밖에 나오지 않습니다. 그들은 모두 신성모독이 얼마나 무서운 지도 모릅니다. 그들은 자기 죄를 합리화하기에 정신없습니다."

그는 "정말로 답답하군요."

나는 "자신이 강도들에게 맞아서 옷이 벗겨지고 피 흘리면서 까지도 강도들의 편에 서서 자신만만하게 자기의 거짓을 드러내고 있습니다."

그는 "강도당한 것이 아니라 이미 강도가 되어 버렸군요."

나는 "이런 현실을 어쩌면 좋습니까? 주님은 강도에 대해 뭐라 하셨나요?"

그는 "주님은 이렇게 말씀하셨습니다. 정말 잘 들어 두어라. 양 우리에 들어갈 때에 문으로 들어가지 않고 딴 데로 넘어 들어가는 사람은 도둑이며 강도이다."

나는 "그러면 강도는 진리가 아닌 인간적이고 세속적인 방법이나 재주로 살아보겠다고 말하는 것이군요."

그는 "또 주님께서는 내 집을 강도의 소굴로 만들었다면서 나무라셨습니다."

나는 "강도의 소굴은?"

그는 "강도의 소굴은 악과 거짓에게 마음이 지배당한 것을 말합니다."

나는 "왜 그렇게 말씀하셨을까요?"

그는 "하나님의 말씀을 가지고 자신의 이기심을 변명하는 도구로 쓰거나 자기주장과 욕심을 내세우는 사유 재산처럼 이용했기 때문입니다. 그들은 성전에서 비둘기를 팔고 사고했는데, 그것은 거룩한 것을 자기들의 사리사욕을 위해 챙긴 것입니다. 그래서 주님께서 분노하신 것입니다."

강도에게 당한 자의 마을에서 현자와 헤어지고

정리 글

이 글을 쓰고 정리해야할 것 같다. 참으로 마음속의 질병은 다양하다. 나는 병자들을 보면서 병자들이 오로지 기대해야 할 것은 오직 주님의 자비밖에는 없다는 것을 더욱 깊이 느끼게 되었다. 그러나 주님의 자비가 한없이 내려온다고 한 들 무슨 소용이 있는가? 그 자비를 받아들이는 것은 자기의 믿음의 그릇에 따라 받아들이는 것을 말이다. 만일 그릇이 변질되어 있다면 아무리 천국의 신령한 좋은 것을 준다고 하여도 그 내용물은 더러워질 것이 뻔하다. 예컨대, 남편이 부인에게 좋은 것을 준다고 하여도 부인이 언제나 악한 마음으로 받아들인다면 그것은 남편을 왜곡되게 만들어 결국 망하게 될 것이기 때문이다.

그렇게 된다면 선의를 악한 의도로 판단하여 결국 더러워지고 못쓰게 되고 말 것이다. 이미 그릇에 더러운 쓰레기가 차있는데, 아무리 맑은 생수를 부은들 무슨 소용이 있는가? 그 물은 먹지 못하고 버리고 말 것이다. 마음의 세계의 질병은 믿음의 그릇이 오염되고 망가진 상태를 의미한다.

그러므로 질병의 문제는 의도의 문제이다. 영적 질병은 의도의 순수한 면이 파괴되어 모든 면을 자신의 교만과 함께 섞어서 모든 일들을 악질적으로 이해하고 받아들이기 때문이다. 심리학에서는 이를 두고 '편집증'이라는 명칭을 부여하여 상대방의 동기를 의심하는 병으로 규정한다.

나는 진리를 찾고자 마음의 세계에 다니면서 마귀에 붙잡힌 자를 만났으며 강도에게 탈취당한 자를 만났다. 그리고 알게 된 사실은 마음의 세계에서는 의도의 상태에 따라 그에 맞게 질병이 찾아온다는 사실이다. 이들은 의도에 문제가 있다는 사실을 알게 되었다.

한번 생각해 보라. 천사가 세상을 보는 관점과 악령이 세상을 보는 관점이 같은가? 다른가? 똑같은 사물을 보더라도 보는 각도에 따라 사물이 달라진 것처럼 의도에 따라 이해하는 관점이 다를 것이다. 그러므로 의도는 진리를 아는 도구가 된다. 비록 진리에 대해 무지할지라도 의도가 순수하다면, 이방인 백부장과 같은 믿음을 가질 수 있기 때문이다. 진리를 많이 안다고 하는 유대인이나 진리를 배우지 못한 이방인이나 결국 중요한 것은 진리를 얼마나 실천하고자 하는 의지가 있느냐의 문제이다. 바로 그것이 의도이다.

그러므로 앞으로의 종교개혁은 의도의 문제를 바로잡는 것이 진정한 종교개혁이라고 할 수 있을 것이다.

나는 그것을 깨닫게 되었다. 진리를 순종하려는 의도 없이 진리를 남에게 전하려고 한다거나, 높은 지위에 오르려고 하는 것은 주님께서 말씀하신 문으로 들어가지 못하는 절도며 강도인 것이다. 모든 매사가 그렇다.

어떤 이는 강단에서 가정에서 교회에서 순수하지 못한 이기적이고 악한 열정으로 복음을 전한다고 하는 자들이 아무리 외쳐 본들 무엇이 유익이 되겠는가? 어떤 이는 그렇게 해서라도 복음이라는 문자나 글자가 날아가서 구원받을 사람이 있다고 한다.

그러나 또 한편 이렇게 생각해 보라. 그 복음을 받아들이는 자들이 이기적인 방법을 보면서 순수하지 못하게 그자신도 따라서 똑같이 한다고 생각해보라. 그러면 결국 이런 이들이 많아진다면 어떻게 될 지를 상상해 보라. 그래서 실족하여 교회를 떠난 이들이 많이 있다는 것을 상기해보라.

의도가 불량하여 마귀 짓을 하는 이들이 오늘날 세상을 얼마나 시끄럽게 하는가 말이다.

의도가 불량한 자들이 갖고 있는 것은 거짓, 교만과 이기심, 지배욕, 탐욕 같은 것들이다. 이런 예를 말하려면 한도 끝도 없다. 나도 역시 이런 사기적이고 악의적인 불량한 의도를 가진 자로부터 독한 시련과 고통을 당하였다. 그러므로 나 자신도 그와 같이 되지 않기를 간절하게 바랄 뿐이다.

그래서 주님께서 자신을 '어린양'이라고 표현하셨다. 순진무구한 의도를 말하는 것이다. 그러므로 자신이 주님의 양이라고 믿는다면 의도부터 점검하고 정말로 주님의 진리를 실천할 의지가 있는가를 확인해야할 것이다.

의도가 불량한 자는 양이 아니라 늑대나 개와 같은 종류임을 알아야 할 것이다. 의도가 불량한 자는 진리를 결코 알지 못하고 진리가 오면 그것을 이용해서 자기를 높이는 도구로 쓴다는 사실을 지혜 있는 자들은 간파한다.

천국은 양에 있지 않고 질적 변화에 있다. 그런 의미에서 질병을 만나는 김군의 마음은 의도가 얼마나 중요한 믿음의 그릇인지를 깨달아 마음을 건강하게 하기를 원하는 마음으로 썼다.

나는 의도가 불량한 자의 행태를 보면서 악마를 보았고, 의도가 선량한 자의 삶을 보면서 천사들을 보았다.

끝으로 김군의 마음 시리즈 2권을 마무리하면서 이 큰 은혜의 진리를 같이 나누고자 하는 분들의 순수 의도의 모임이 만들어지기를 간절하게 바라면서 이 글을 마치고자 한다.

"주님 우리를 불쌍히 여겨 주소서!"

참고 도서

· 김홍찬 『이노센스』, 한국상담심리연구원, 2002.
· 김홍찬 『순진무구 수치심을 치유하다』, 한국상담심리연구원, 2016.
· 김홍찬 『사람이란 무엇인가』, 한국상담심리연구원, 2015.
· 김홍찬. 『내적치유를 위한 365일 묵상』, 향심 .2004.
· 김홍찬. 『김군의 마음』, 한국상담심리연구원, 2017.
· 정영식, 『비유가 아니면 말하지 아니하였다』, 성서상징어연구, 보리,
   1987.